TRAITÉ

DE

L'ADMINISTRATION DES

CHEMINS VICINAUX

PAR

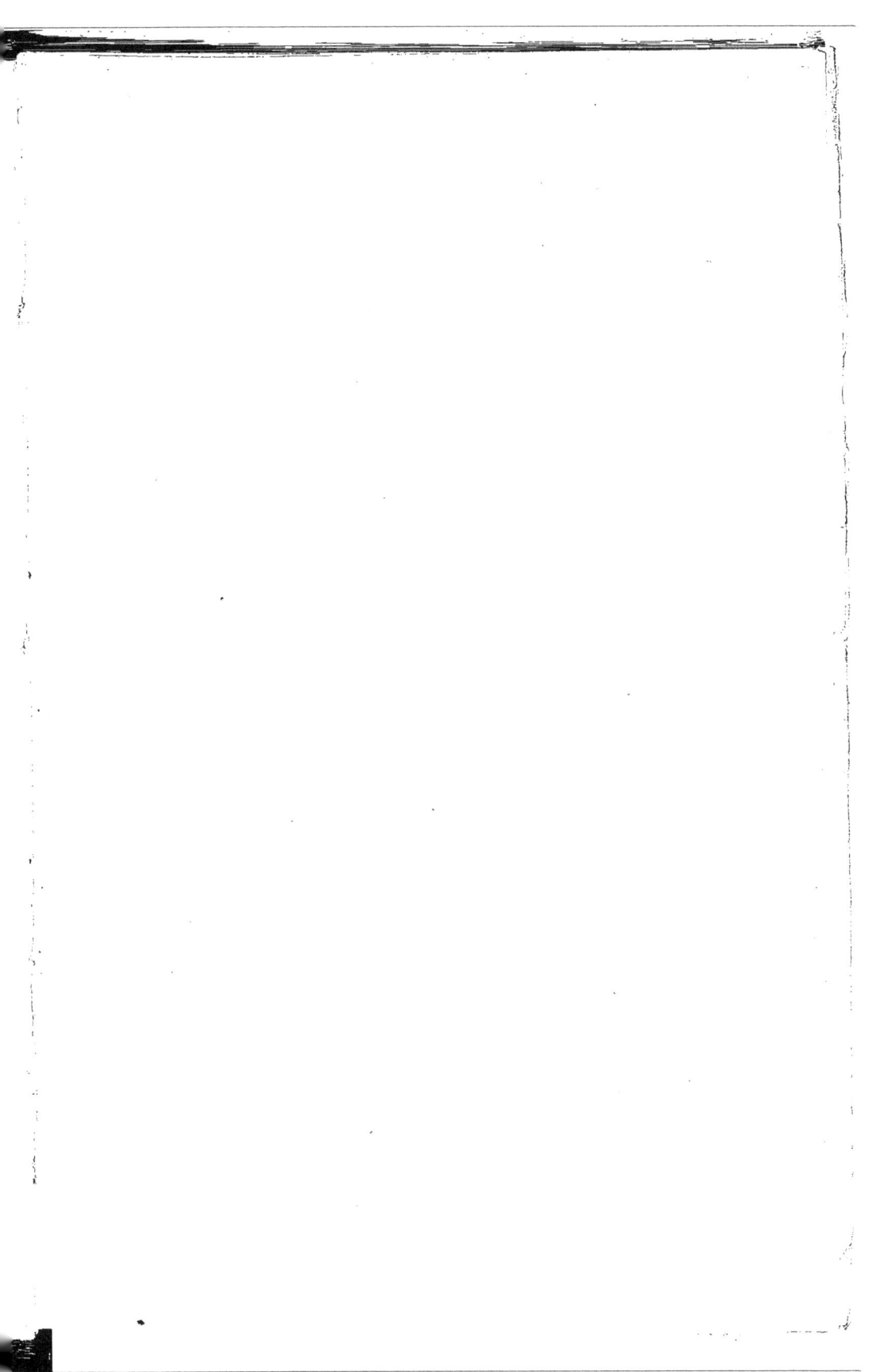

TRAITÉ
DE L'ADMINISTRATION
DES
CHEMINS VICINAUX.

Laon. — VARLET-BERLEUX et Compagnie,
rue Sérurier, 22.

TRAITÉ

DE

L'ADMINISTRATION

DES

CHEMINS VICINAUX,

PAR

Adolphe **DEMILLY**,

SOUS-CHEF DE BUREAU A LA PRÉFECTURE DE L'AISNE.

LAON.

Chez **LECOINTE**, libraire, rue Châtelaine, 30;

Au 2e bureau de la Préfecture.

PARIS.

Chez **DUPONT** et Cie, rue Grenelle-St-Honoré, hôtel des Fermes;

et

Aux secrétariats des Préfectures et des Sous-Préfectures.

1840.

AVANT-PROPOS.

La loi du 21 mai 1836, en imprimant une marche active et puissante aux travaux des chemins vicinaux en général, et, surtout, en créant un système particulier de communications, a étendu et l'action et les devoirs de l'administration. Ce n'est plus seulement une simple surveillance qu'elle doit exercer, c'est souvent une initiative bienfaisante au moyen de laquelle un nombre immense de voies utiles s'établissent, pour vivifier partout l'agriculture, l'industrie et le commerce.

C'est à l'administration préfectorale, principalement, que ces nouveaux devoirs ont été imposés. A elle appartiennent le classement des chemins vicinaux ordinaires, les propositions de classement des chemins vicinaux de grande communication, la fixation des contingents des communes intéressées, la réalisation des ressources, les impositions d'office, la répartition des subventions départementales, la direction de l'emploi des prestations en nature, la surveillance des agents-voyers, etc. C'est à ses efforts, par suite, qu'a été livrée la solution des difficultés innombrables de l'exécution.

Une instruction, qui restera comme un monument de science administrative, a été donnée par le gouvernement, aux préfets, pour les guider dans leur importante mission à l'égard de la vicinalité; mais, on l'a reconnu, quelle que soit la prévoyance que l'auteur de cette instruction a montrée et que chacun admire, toutes les difficultés auxquelles l'expérience seule fait arriver ne pouvaient être levées à l'avance. Aussi, est-il à présumer que le service des chemins vicinaux n'est point encore organisé partout complètement, et que, au contraire, dans chaque département, il reste des obstacles à surmonter, des questions à résoudre.

Dans cette situation, et alors que nous avons remarqué que de nouvelles instructions ont modifié les dispositions de l'instruction fondamentale, que plusieurs anciens actes législatifs n'ont pas été abrogés par la dernière loi, que des décisions de l'autorité administrative et de l'autorité judiciaire ont fixé plusieurs points sur lesquels on était indécis, nous avons pensé que rassembler dans un ordre logique la foule des dispositions sur les chemins vicinaux, éparses dans les lois, dans les ordonnances, dans les instructions, dans les décisions judiciaires, et y ajouter des développements fondés sur l'expérience, ce serait faire une œuvre utile, non seulement aux administrateurs, qui pourraient ainsi comparer leur méthode à celle que nous proposons, profiter de nos observations et nous faire profiter des leurs, mais encore aux particuliers, dont les droits et les intérêts sont si souvent en contact avec ceux de l'administration en matière de chemins vicinaux.

Tel est le but de l'ouvrage que nous publions.

Préparé à l'étude et à l'application des lois et des réglements administratifs, par l'étude et l'application du droit civil; aidé des lumières et de l'expérience de M. Pastéris, notre savant chef, auquel nous sommes heureux de donner ici un témoignage public de notre reconnaissance, nous avons abordé les questions les plus sérieuses; mais nous sommes aussi entré dans tous les détails d'exécution; nous avons examiné toutes les opérations sous leurs nuances diverses; nous avons même été minutieux, car nous savons qu'à l'occasion d'une affaire peu importante s'élève souvent une difficulté d'application. Généralement, nous avons appuyé nos énonciations sur des actes de l'autorité compétente; toutefois, certains sujets sur lesquels l'administration supérieure ne s'était pas suffisamment expliquée, ou qui nous semblaient appeler quelque réforme, ont été traités par nous, seulement d'après notre opinion personnelle : à cet égard, ce n'est qu'une discussion que nous voulons faire naître, et pour nous conformer au résultat de laquelle nous serions prêt à abandonner nos convictions actuelles.

LOI

SUR LES CHEMINS VICINAUX,

Du 21 mai 1836.

SECTION Ire.

Chemins vicinaux.

Art. 1er. Les chemins vicinaux légalement reconnus sont à la charge des communes, sauf les dispositions de l'article 7 ci-après.

Art. 2. En cas d'insuffisance des ressources ordinaires des communes, il sera pourvu à l'entretien des chemins vicinaux à l'aide, soit de prestations en nature, dont le maximum est fixé à trois journées de travail, soit de centimes spéciaux en addition au principal des quatre contributions directes, et dont le maximum est fixé à cinq.

Le conseil municipal pourra voter l'une ou l'autre de ces ressources, ou toutes les deux concurremment.

Le concours des plus imposés ne sera pas nécessaire dans les délibérations prises pour l'exécution du présent article.

Art. 3. Tout habitant, chef de famille ou d'établissement, à titre de propriétaire, de régisseur, de fermier ou de colon partiaire, porté au rôle des contributions directes, pourra être appelé à fournir, chaque année, une prestation de trois jours :

1°. Pour sa personne et pour chaque individu mâle, valide, âgé de dix-huit ans au moins et de soixante ans au plus, membre ou serviteur de la famille et résidant dans la commune ;

2°. Pour chacune des charrettes ou voitures attelées, et, en outre, pour chacune des bêtes de somme, de trait, de selle, au service de la famille ou de l'établissement dans la commune.

Art. 4. La prestation sera appréciée en argent, conformément à la valeur qui aura été attribuée annuellement pour la commune à chaque espèce de journée par le conseil général, sur les propositions des conseils d'arrondissement.

La prestation pourra être acquittée en nature ou en argent, au gré du contribuable. Toutes les fois que le contribuable n'aura pas opté dans les délais prescrits, la prestation sera de droit exigible en argent.

La prestation non rachetée en argent pourra être convertie en tâches, d'après les bases et évaluations de travaux préalablement fixées par le conseil municipal.

Art. 5. Si le conseil municipal, mis en demeure, n'a pas voté, dans la session désignée à cet effet, les prestations et centimes nécessaires, ou si la commune n'en a pas fait emploi dans les délais prescrits, le préfet pourra, d'office, soit imposer la commune dans les limites du maximum, soit faire exécuter les travaux.

Chaque année, le préfet communiquera au conseil général l'état des impositions établies d'office en vertu du présent article.

Art. 6. Lorsqu'un chemin vicinal intéressera plusieurs communes, le préfet, sur l'avis des conseils municipaux, désignera les communes qui devront concourir à sa construction ou à son entretien, et fixera la proportion dans laquelle chacune d'elles y contribuera.

SECTION II.

Chemins vicinaux de grande communication.

Art. 7. Les chemins vicinaux peuvent, selon leur importance, être déclarés chemins vicinaux de grande communication par le conseil général, sur l'avis des conseils municipaux, des conseils d'arrondissement, et sur la proposition du préfet.

Sur les mêmes avis et proposition, le conseil général détermine la direction de chaque chemin vicinal de grande communication, et désigne les communes qui doivent contribuer à sa construction ou à son entretien.

Le préfet fixe la largeur et les limites du chemin, et détermine annuellement la proportion dans laquelle chaque commune doit concourir à l'entretien de la ligne vicinale dont elle dépend; il statue sur les offres faites par les particuliers, associations de particuliers ou de communes.

Art. 8. Les chemins vicinaux de grande communication, et, dans des cas extraordinaires, les autres chemins vicinaux, pourront recevoir des subventions sur les fonds départementaux.

Il sera pourvu à ces subventions au moyen des centimes facultatifs ordinaires du département, et de centimes spéciaux votés annuellement par le conseil général.

La distribution des subventions sera faite, en ayant égard aux ressources, aux sacrifices et aux besoins des communes, par le préfet, qui en rendra compte, chaque année, au conseil général.

Les communes acquitteront la portion des dépenses mise à leur charge au moyen de leurs revenus ordinaires, et, en cas d'insuffisance, au moyen de deux journées de prestations sur les trois journées autorisées par l'article 2, et des deux tiers des centimes votés par le conseil municipal en vertu du même article.

Art. 9. Les chemins vicinaux de grande communication sont placés sous l'autorité du préfet. Les dispositions des articles 4 et 5 de la présente loi leur sont applicables.

Dispositions générales.

Art. 10. Les chemins vicinaux reconnus et maintenus comme tels sont imprescriptibles.

Art. 11. Le préfet pourra nommer des agents-voyers.

Leur traitement sera fixé par le conseil général.

Ce traitement sera prélevé sur les fonds affectés aux travaux.

Les agents-voyers prêteront serment; ils auront le droit de constater les contraventions et délits, et d'en dresser des procès-verbaux.

Art. 12. Le maximum des centimes spéciaux qui pourront être votés par les conseils généraux, en vertu de la présente loi, sera déterminé annuellement par la loi de finances.

Art. 13. Les propriétés de l'Etat, productives de revenus, contribueront aux dépenses des chemins vicinaux dans les mêmes proportions que les propriétés privées, et d'après un rôle spécial dressé par le préfet.

Les propriétés de la Couronne contribueront aux mêmes dépenses, conformément à l'article 13 de la loi du 2 mars 1832.

Art. 14 Toutes les fois qu'un chemin vicinal, entretenu à l'état de viabilité par une commune, sera habituellement ou temporairement dégradé par des exploitations de mines, de carrières, de forêts, ou de toute entreprise industrielle appartenant à des particuliers, à des établissements publics, à la Couronne ou à l'Etat, il pourra y avoir lieu à imposer aux entrepreneurs ou propriétaires, suivant que l'exploitation ou les transports auront eu lieu pour les uns ou les autres, des subventions spéciales, dont la quotité sera proportionnée à la dégradation extraordinaire qui devra être attribuée aux exploitations.

Ces subventions pourront, au choix des subventionnaires, être acquittées en argent ou en prestations en nature, et seront exclusivement affectées à ceux des chemins qui y auront donné lieu.

Elles seront réglées annuellement, sur la demande des communes, par les conseils de préfecture, après des expertises contradictoires, et recouvrées comme en matière de contributions directes.

Les experts seront nommés suivant le mode déterminé par l'article 17 ci-après.

Ces subventions pourront aussi être déterminées par abonnement : elles seront réglées, dans ce cas, par le préfet en conseil de préfecture.

Art. 15. Les arrêtés du préfet portant reconnaissance et fixation de la largeur d'un chemin vicinal attribuent définitivement au chemin le sol compris dans les limites qu'ils déterminent.

Le droit des propriétaires riverains se résout en une indemnité, qui sera réglée à l'amiable ou par le juge de paix du canton, sur le rapport d'experts nommés conformément à l'article 17.

Art. 16. Les travaux d'ouverture et de redressement des chemins vicinaux seront autorisés par arrêté du préfet.

Lorsque, pour l'exécution du présent article, il y aura lieu de recourir à l'expropriation, le jury spécial chargé de régler les indemnités ne sera composé que de quatre jurés. Le tribunal d'arrondissement, en prononçant l'expropriation, désignera, pour présider et diriger le jury, l'un de ses membres ou le juge de paix du canton. Ce magistrat aura voix délibérative en cas de partage.

Le tribunal choisira, sur la liste générale prescrite par l'article 29 de la loi du 7 juillet 1833, quatre personnes pour former le jury spécial, et trois jurés supplémentaires. L'administration et la partie intéressée auront respectivement le droit d'exercer une récusation péremptoire.

Le juge recevra les acquiescements des parties.

Son procès-verbal emportera translation définitive de propriété.

Le recours en cassation, soit contre le jugement qui prononcera l'expropriation, soit contre la déclaration du jury qui réglera l'indemnité, n'aura lieu que dans les cas prévus et selon les formes déterminées par la loi du 7 juillet 1833.

Art. 17. Les extractions de matériaux, les dépôts ou enlèvements de terre, les occupations temporaires de terrains, seront autorisés par arrêté du préfet, lequel désignera les lieux; cet arrêté sera notifié aux parties intéressées au moins dix jours avant que son exécution puisse être commencée.

Si l'indemnité ne peut être fixée à l'amiable, elle sera réglée par le conseil de préfecture, sur le rapport d'experts nommés, l'un par le sous-préfet et l'autre par le propriétaire.

En cas de discord, le tiers-expert sera nommé par le conseil de préfecture.

Art. 18. L'action en indemnité des propriétaires pour les terrains qui auront servi à la confection des chemins vicinaux et pour extraction de matériaux, sera prescrite par le laps de deux ans.

Art. 19. En cas de changement de direction ou d'abandon d'un chemin vicinal, en tout ou partie, les propriétaires riverains de la partie de ce chemin qui cessera de servir de voie de communication pourront faire leur soumission de s'en rendre acquéreurs, et d'en payer la valeur, qui sera fixée par des experts nommés dans la forme déterminée par l'article 17.

Art. 20. Les plans, procès-verbaux, certificats, significations, jugements, contrats, marchés, adjudications de travaux, quittances et autres actes ayant pour objet exclusif la construction, l'entretien et la réparation des chemins vicinaux, seront enregistrés moyennant le droit fixe de un franc.

Les actions civiles intentées par les communes ou dirigées contre elles, relativement à leurs chemins, seront jugées comme affaires sommaires et urgentes, conformément à l'article 405 du Code de procédure civile.

Art. 21. Dans l'année qui suivra la promulgation de la présente loi, chaque préfet fera, pour en assurer l'exécution, un règlement qui sera communiqué au conseil général, et transmis, avec ses observations, au ministre de l'intérieur, pour être approuvé, s'il y a lieu.

Ce règlement fixera, dans chaque département, le maximum de la largeur des chemins vicinaux; il fixera, en outre, les délais nécessaires à l'exécution de chaque mesure, les époques auxquelles les prestations en nature devront être faites, le mode de leur emploi ou de leur conversion en tâches, et statuera, en même temps, sur tout ce qui est relatif à la confection des rôles, à la comptabilité, aux adjudications et à leur forme, aux alignements, aux autorisations de construire le long des chemins, à l'écoulement des eaux, aux plantations, à l'élagage, aux fossés, à leur curage, et à tous autres détails de surveillance et de conservation.

Art. 22. Toutes les dispositions de lois antérieures demeurent abrogées en ce qu'elles auraient de contraire à la présente loi.

TRAITÉ
DE L'ADMINISTRATION
DES
CHEMINS VICINAUX.

L'ADMINISTRATION des chemins vicinaux, comme ces chemins eux-mêmes, se divise en deux branches : l'administration des chemins vicinaux proprement dits, et celle des chemins vicinaux de grande communication.

PREMIÈRE PARTIE.

DES CHEMINS VICINAUX.

CHAPITRE Ier.

De l'établissement et de la suppression des chemins vicinaux, abstraction faite des travaux.

SECTION Ire.

De la reconnaissance ou du classement.

LA reconnaissance ou le classement des chemins vicinaux a lieu par l'arrêté du préfet qui leur en confère la qualité, laquelle ne peut résulter que de cet arrêté.

Les avantages du classement en démontrent la nécessité. Voici les principaux effets qu'il produit :

1°. Les chemins vicinaux sont imprescriptibles (1) ;

2°. La réparation et l'entretien de ces chemins sont une obliga-

(1) Art. 10 de la loi du 21 mai 1836.

tion des communes, qui peuvent être contraintes à la remplir (1);

3°. Les prestations et les centimes spéciaux doivent être exclusivement employés que sur les chemins vicinaux (2);

4°. La répression des usurpations commises sur ces mêmes chemins appartient aux conseils de préfecture (3), dont la décision, rendue sans frais, n'empêche cependant pas la poursuite devant les tribunaux de simple police (4).

Avant que le classement soit prononcé, plusieurs formalités essentielles doivent être remplies. Le maire dresse (5) un tableau général des chemins existant sur le territoire de sa commune; il y comprend notamment les chemins nécessaires à la communication des communes (6), et y indique le nom de chaque chemin, sa direction, sa longueur et sa largeur. Nous donnons un modèle de ce tableau (n° 1er), semblable, sauf quelques changements que nous croyons utiles, à celui qui est annexé à la circulaire ministérielle du 24 juin 1836. L'état des chemins, ainsi préparé, est déposé à la mairie pendant un mois (7); les habitants sont prévenus de ce dépôt

(1) Art. 2 et 3 de la loi du 6 octobre 1791; art. 6, 22 et 23 de l'arrêté des consuls du 4 thermidor an X; art. 1er et 9 de la loi du 28 juillet 1824; art. 1er, 5 et 6 de la loi du 21 mai 1836.

(2) Instruction ministérielle du 24 juin 1836, page 5 de l'édition officielle.

(3) Art. 8 de la loi du 9 ventôse an XIII.

(4) Art. 479, n° 11, du code pénal modifié; ordonnance royale en conseil d'état, du 23 juillet 1838, transmise avec la circulaire minist. du 11 mai 1839.

(5) Instructions ministérielles des 7 prairial an XIII et 24 juin 1836.

(6) Art 1er de la loi du 28 juillet 1824. Aucune loi ne contient la définition exacte des chemins vicinaux, et n'a donné de règles certaines, soit au maire et au conseil municipal pour proposer le classement, soit au préfet pour le prononcer. — Cependant nous pensons qu'on peut prendre pour guide l'art. 381 du second *projet* de code rural ainsi conçu :

« Sont considérés comme chemins vicinaux tous ceux qui, autres que les « routes royales et départementales, servent à communiquer d'un lieu public à « un autre, soit chef-lieu de commune, village ou hameau composé de trois « habitations au moins, soit grande route, marché, église, édifice ou bien com« munal, soit fontaine publique, port, bac, rivière ou ruisseau, d'un usage « commun, ou qui servent à communiquer d'un chemin vicinal à un autre. »

(7) Instruction du 24 juin 1836. L'instruction du 7 prairial an XIII portait

par une publication faite dans la forme ordinaire ; ils sont invités à prendre connaissance des propositions du maire, et avertis qu'ils peuvent présenter à ce fonctionnaire toutes les observations et les réclamations qu'ils jugeraient à propos. Après l'expiration du délai d'un mois, l'état dressé par le maire est, ainsi que les observations et les réclamations auxquelles il a donné lieu, soumis au conseil municipal, lequel doit donner son avis sur le tout (1); après quoi la délibération, l'état et toutes les pièces à l'appui sont adressés au préfet qui, en exécution de la loi du 6 octobre 1791 (titre 1er, section 6, art. 2), de l'arrêté du directoire du 23 messidor an v et des lois du 9 ventôse an XIII (art. 6), du 28 juillet 1824 (art. 1er.), et du 21 mai 1836 (art. 15), déclare vicinaux les chemins dont l'utilité lui paraît établie, et en fixe la largeur.

L'accomplissement de ces formalités bien simples semble garantir les intérêts particuliers et l'intérêt général. Les intérêts particuliers sont protégés par l'enquête qui a lieu sur la publication de l'état des chemins : les oppositions qu'elle mettrait au jour ne manqueraient pas d'éveiller toute la sollicitude du conseil municipal, d'abord, et du préfet, ensuite. Et l'intérêt public, s'il était nécessaire, trouverait son défenseur, non seulement parmi les habitants, mais encore dans le corps municipal, et dans le préfet, juge éclairé et indépendant de l'opportunité de la déclaration de vicinalité.

Nous craignons, cependant, que les formalités prescrites ne soient pas suffisantes. La reconnaissance des chemins vicinaux se fait, dans les communes, en général, assez imparfaitement, pour que le préfet ne puisse trouver une base certaine de son jugement dans l'état du maire et la délibération du conseil municipal. Afin de ne pas tomber dans l'inconvénient signalé dans l'instruction ministérielle du 24 juin 1836 (2), un classement trop restreint ou

quinze jours : nous pensons que ce dernier délai, adopté par plusieurs de MM. les préfets dans leurs réglemens, suffirait pour que les habitans pussent présenter leurs réclamations.

(1) Art. 1er de la loi du 28 juillet 1824.

(2) Page 7 de l'édition officielle.

trop étendu, il faudrait qu'on exigeât la production d'un plan de toutes les communications de la commune, tel qu'une copie du tableau d'assemblage qui se trouve en tête du plan cadastral. Rien de plus facile alors au préfet de s'assurer si, sur le tableau dressé, on n'a pas omis quelque communication essentielle à une des sections de la commune; si plusieurs chemins compris dans le tableau conduisent du même lieu au même lieu; de voir si, dans ce dernier cas, des voies inutiles ne doivent pas être rendues à l'agriculture; et de vérifier les dénominations des chemins, leur longueur, leur largeur et toutes les indications du tableau. Mais sans plan, il n'existe, pour le préfet, aucune garantie de l'exactitude du travail qui lui est soumis, et sur lequel, cependant, il doit statuer.

Par un arrêté du 3 avril 1837, approuvé le 26 juin suivant par M. le ministre de l'intérieur, M. le préfet d'Ile-et-Vilaine a prescrit un mode différent de classement des chemins vicinaux de son département. Ce mode a pour but de faire classer les chemins, non seulement dans l'intérêt de chaque commune, mais encore dans l'intérêt de toutes les communes voisines: le travail de reconnaissance est simultané dans les communes de chaque canton, et il en résulte un ensemble tout dans l'intérêt général. Nous n'hésitons pas à dire qu'il y aurait un immense avantage pour la vicinalité, à ce que les sages dispositions de l'arrêté de M. le préfet d'Ile-et-Vilaine fussent adoptées partout.

Il est une autre opération dont l'utilité est incontestable (1) et qui paraît néanmois négligée dans un grand nombre de communes: nous voulons parler du bornage des chemins. Cette opération peut seule empêcher les anticipations, ou, du moins, servir de fondement aux décisions qui les répriment. Elle devrait être la conséquence nécessaire et forcée du classement des chemins vicinaux.

Les chemins vicinaux appartiennent aux communes sur le territoire desquelles ils sont situés: c'est ce qui résulte de la loi du 10 juin 1793, d'un arrêté du gouvernement du 24 vendémiaire an XI, et de la discussion au conseil d'état des art. 538 et 542 du code civil.

(1) *Voyez* page 112 de l'instruction du 24 juin 1836.

Quelles que soient les prétentions des particuliers, les arrêtés du préfet portant reconnaissance et fixation de la largeur d'un chemin vicinal attribuent définitivement au chemin le sol compris dans les limites qu'il détermine. Le droit des propriétaires se résout en une indemnité qui est réglée à l'amiable, ou par le juge de paix du canton, sur le rapport de deux experts nommés, l'un par le sous-préfet, l'autre par le propriétaire; en cas de discord, le tiers-expert est nommé par le conseil de préfecture (1); s'il y a cession amiable, après que la convention a été soumise au conseil municipal, il est statué définitivement par le préfet en conseil de préfecture, conformément à l'art. 10 de la loi du 28 juillet 1824, et à l'art. 46 de la loi du 18 juillet 1837, sans qu'il y ait lieu de prescrire une enquête *de commodo vel incommodo*, et sans que le préfet soit restreint dans les limites fixées par ces lois (2). (*V.* modèle d'arrêté, n° 2.)

Toutefois, pour que le préfet puisse déclarer vicinal un chemin, et pour que cette déclaration fasse résoudre en une indemnité les droits des particuliers, il faut que ce chemin existe, et que le public en soit en jouissance. S'il s'agissait de s'emparer d'un chemin privé, ou d'ouvrir un chemin non existant, il faudrait remplir les formalités de l'expropriation pour cause d'utilité publique (3).

Les rues des communes ne peuvent pas être classées comme faisant partie des chemins vicinaux (4). Il est à regretter que ce principe ait été admis par la jurisprudence administrative, car les rues ont autant d'importance que les chemins vicinaux, et ont autant besoin que ces derniers de réparations et d'entretien. Aussi, malgré toutes les instructions données à ce sujet, les prestations et les centimes spéciaux sont-ils employés généralement dans les rues des villages (5).

(1) Art. 15 et 17 de la loi du 21 mai 1836.

(2) Instruction du 24 juin 1836, page 97.

(3) Même instruction, même page. *Voyez* ci-après, section 2.

(4) Même instruction, page 12.

(5) Peut-être pourrait-on soutenir que la législation ne s'oppose pas à ce que les rues soient classées comme faisant partie des chemins vicinaux, et soient

SECTION II.

De l'élargissement, de l'ouverture, du redressement et des changements partiels de direction.

§ 1er. — *De l'élargissement.*

Nous avons supposé le classement des chemins vicinaux selon leur largeur actuelle, résultant de la possession du public. Mais le préfet peut en prononcer l'élargissement (1) ; il doit, toutefois, dans ce cas, ne pas dépasser la limite du maximum fixé par le réglement fait en exécution de l'art. 21 de la loi du 21 mai 1836. L'augmentation de largeur peut avoir lieu en même temps que la reconnaissance des chemins vicinaux. (*V.* le modèle du tableau, n° 1er.) Elle peut aussi avoir lieu ultérieurement. Dans cette dernière hypothèse, le préfet, sur l'avis du maire et du conseil municipal (2) prend un arrêté à cet effet. Nous proposons la forme du modèle n° 3. Avant d'autoriser une augmentation de largeur, il est bon de s'assurer que la commune a des ressources pour payer l'indemnité.

L'arrêté du préfet attribue définitivement au chemin le sol compris dans les limites qu'il détermine ; et le droit des propriétaires riverains se résout en une indemnité, qui est réglée ainsi que nous l'avons dit à l'égard des droits que des particuliers ont sur la largeur entière du chemin (3).

soumises à toutes les règles concernant ces chemins. — En effet, si une rue se trouve dans les conditions d'un chemin vicinal, si elle est nécessaire à la communication des communes, etc., pourquoi ne pourrait-elle pas être déclarée chemin vicinal ? De ce qu'elle est bordée de maisons, il ne résulte pas qu'elle n'est point indispensable soit à l'agriculture, soit aux communications en général. L'art. 52 de la loi du 16 septembre 1807 est loin d'être assez explicite pour autoriser à dire que les rues, dans tous les cas, font partie de la voirie urbaine.

(1) Art. 15 de la loi du 21 mai 1836.

(2) Instruction ministérielle du 24 juin 1836, page 95.

(3) *Voyez* page 5.

§ 2. — *De l'ouverture, du redressement et des changements partiels de direction.*

L'ouverture de nouveaux chemins vicinaux, le redressement ou les changements partiels de direction des chemins vicinaux existants, peuvent être autorisés sur la proposition des conseils municipaux, qui ont à assurer les ressources nécessaires pour acquitter le prix des terrains à acquérir.

Le plus souvent, c'est du consentement des propriétaires que cette ouverture ou ces changements ont lieu, et à la proposition du conseil municipal est jointe leur soumission de céder les terrains, moyennant un prix convenu. Dans ce cas, après avoir fait produire un plan des lieux et un procès verbal d'estimation, le préfet peut autoriser l'ouverture ou le redressement (1). (*V.* modèle n° 4.) Puis, en conseil de préfecture, il autorise l'acquisition, conformément à l'art. 10 de la loi du 28 juillet 1824 et à l'art. 46 de la loi du 16 juillet 1837, sans qu'il ait dû prescrire une enquête *de commodo vel incommodo*, et sans qu'il soit restreint dans les limites fixées par ces lois (2). (*V.* modèle n° 5.)

Quelquefois, c'est par voie d'échange que l'ouverture ou le changement s'opère : dans ce cas, il faut prescrire une enquête *de commodo vel incommodo* (3), après quoi le préfet statue sur l'ouverture ou le redressement, et sur l'échange, dans les mêmes formes. (*V.* modèle d'arrêté pour l'échange, n° 6.)

Mais il y a peut-être avantage à remplir, même dans le cas de conventions amiables, les formalités prescrites pour l'expropriation causée par l'utilité publique; car il résulte notamment du rapport présenté par la commission de la chambre des députés, lors de la discussion de la loi du 7 juillet 1833, que, dans l'esprit de cette loi, les publications faites en exécution du titre 2 remplacent les formalités ordonnées par l'art. 2194 du code civil, pour la purge des hypothèques légales ; de sorte que lorsque ces publications ont

(1) Art. 16 de la loi du 21 mai 1836.

(2) Instruction du 24 juin, page 97.

(3) Art. 10 de la loi du 28 juillet 1824.

en lieu les hypothèques légales qui n'ont pas été inscrites dans la quinzaine de la transcription, sont éteintes (1).

La loi du 21 mai 1836 a simplifié les opérations de l'expropriation pour cause d'utilité publique. Voici en quoi elles consistent actuellement :

Sur la proposition du conseil municipal, et sur des documents qui constatent la convenance de cette proposition (plan, estimation, etc.) et l'affectation de ressources communales suffisantes, le préfet prend un arrêté (*V.* modèle n° 7.) pour autoriser l'ouverture ou le redressement projeté, désigner les lieux sur lesquels les travaux doivent être effectués, et déclarer l'utilité publique de ces travaux (2). Cet arrêté remplace la loi ou l'ordonnance royale exigée par l'art. 1er de la loi de 1833, et il n'a besoin d'être précédé d'aucune enquête (3).

Le plan parcellaire des terrains ou des édifices dont la cession paraît nécessaire, indiquant les noms des propriétaires, tels qu'ils sont inscrits sur la matrice des rôles, est ensuite déposé, pendant huit jours au moins, à la mairie de la commune où les biens sont situés (4). Le délai de huit jours ne court qu'à dater de l'avertissement collectif qui est donné aux parties intéressées, de prendre connaissance du plan déposé à la mairie. Cet avertissement est publié à son de trompe ou de caisse dans la commune, et affiché tant à la principale porte de l'église du lieu qu'à celle de la maison commune; il est en outre inséré dans l'un des journaux des chefs-lieux d'arrondissement et de département (5).

Le maire certifie ces publications et ces affiches (*V.* modèle n° 8.); il mentionne sur un procès-verbal qu'il ouvre à cet effet (*V.* modèle n° 9.), et que les parties comparantes sont requises de signer, les déclarations et les réclamations qui lui ont été faites verbalement, et y annexe celles qui lui sont remises par

(1) Art. 17 de la loi du 7 juillet 1833.
(2) Art. 16 de la loi du 21 mai 1836 et art. 2, n° 2, de la loi du 7 juillet 1833.
(3) Instruction du 24 juin 1836, page 100.
(4) Art. 4 et 5 de la loi du 7 juillet 1833.
(5) Art. 6 de la même loi.

écrit (1). Il transmet son procès-verbal et toutes les pièces y relatives, avec l'avis du conseil municipal, au sous-préfet qui l'adresse au préfet avec ses observations. Le préfet, en conseil de préfecture, sur le vu de ce procès-verbal, détermine, par un arrêté motivé, les propriétés qui doivent être cédées, et indique l'époque à laquelle il sera nécessaire d'en prendre possession (2). (*V.* modèle n° 10.)

C'est ici que l'expropriation se divise en expropriation amiable, et en expropriation forcée.

Dans le cas de conventions amiables, on procède de la manière que nous avons indiquée au commencement de ce paragraphe, c'est-à-dire que le préfet, en conseil de préfecture, autorise l'acquisition (*V.* modèle n° 11). Il est évident que cette autorisation n'a plus pour but que de régler l'indemnité, puisque l'acquisition est une conséquence des arrêtés antérieurs. Le contrat de vente peut être passé dans la forme des actes administratifs; il en est de même de la quittance et des autres actes relatifs à l'acquisition des terrains (3). Ces actes, ainsi que les plans, les procès-verbaux, les certificats, etc., concernant l'expropriation, sont visés pour timbre et enregistrés *gratis*, lorsqu'il y a lieu à la formalité de l'enregistrement (4).

L'époque de l'entrée en possession est déterminée par la convention.

Le contrat de vente doit être transcrit au bureau des hypothèques de l'arrondissement.

A défaut d'inscription dans la quinzaine de la transcription du contrat de vente, l'immeuble exproprié est affranchi de tous priviléges et de toutes hypothèques, soit conventionnelles, soit judiciaires, soit même légales (5).

Les actions en résolution, en revendication, et toutes autres

(1) Art. 7 de la loi du 7 juillet 1833.

(2) Art. 11 et 12 de la même loi, et art. 16 de la loi de 1836.

(3) Art. 56 de la loi de 1833.

(4) Art. 58 *idem.*

(5) Art. 17 *idem.*

actions réelles ne peuvent empêcher l'effet de l'expropriation. Le droit des réclamants est transporté sur le prix, et l'immeuble en est affranchi (1). Les créanciers inscrits n'ont, dans aucun cas, la faculté de surenchérir, mais ils peuvent exiger que l'indemnité soit fixée par le jury (*V.* ci-après) (2).

Lorsqu'il existe des inscriptions sur l'immeuble exproprié, ou d'autres obstacles au versement des deniers entre les mains des ayant-droit, la somme due doit être consignée, pour être ultérieurement distribuée ou remise, selon les règles du droit commun (3).

Toutefois, lorsque le prix d'acquisition n'excède pas 100 fr., il peut être payé sans que les formalités prescrites pour la radiation et la purge des hypothèques aient été préalablement accomplies, mais sans que cette faculté puisse porter atteinte aux droits des créanciers, quand il en existe (4).

A défaut de conventions amiables avec les propriétaires des terrains ou des bâtiments dont la cession est reconnue nécessaire, le préfet transmet au procureur du roi dans le ressort duquel les biens sont situés, l'arrêté qui autorise l'exécution des travaux, ainsi que celui par lequel les propriétés à céder ont été déterminées (5).

Dans les trois jours, et sur la production des pièces constatant que les formalités prescrites ont été remplies, le procureur du roi requiert et le tribunal prononce l'expropriation pour cause d'utilité publique des terrains ou des bâtiments indiqués dans l'arrêté du préfet. Le même jugement commet un des membres du tribunal ou le juge de paix du canton, pour présider et diriger le jury chargé de fixer l'indemnité (6).

(1) Art. 18 de la loi de 1833.

(2) Art. 17 *idem.*

(3) Art. 54 *idem.*

(4) Circulaire de M. le ministre de l'intérieur du 17 juillet 1838, se référant à une ordonnance royale du 31 août 1830.

(5) Art. 13 de la loi du 7 juillet 1833.

(6) Art. 14 de la même loi, et 16 de la loi du 21 mai 1836.

Le jugement doit être immédiatement transcrit au bureau de la conservation des hypothèques de l'arrondissement (1). Comme dans le cas de conventions amiables (*V.* ci-dessus), à défaut d'inscription dans la quinzaine de la transcription, l'immeuble exproprié est affranchi de tous priviléges et de toutes hypothèques, soit conventionnelles, soit judiciaires, soit légales (2); les actions en résolution, en revendication, et toutes autres actions réelles se résolvent en un droit sur le prix (3); et les créanciers n'ont aucunement la faculté de surenchérir, sauf à exiger le réglement de l'indemnité par le jury (4); de même, il n'y a lieu de remplir aucune formalité de purge des hypothèques, lorsque l'indemnitité n'excède pas 100 fr. (5).

Le préfet (6), en outre, fait publier et afficher le jugement, par extrait, dans la commune de la situation des biens, et le fait insérer dans l'un des journaux de l'arrondissement et dans l'un de ceux du chef-lieu du département. Cet extrait, contenant les noms des propriétaires, les motifs et le dispositif du jugement, doit aussi leur être notifié au domicile qu'ils ont élu dans l'arrondissement, par une déclaration faite à la mairie de la commune où les biens sont situés : dans le cas où cette élection de domicile n'a pas eu lieu, la notification de l'extrait est faite en double copie au maire et au fermier locataire, gardien ou régisseur de la propriété (7).

Dans la huitaine qui suit la notification, le propriétaire est tenu d'appeler et de faire connaître au magistrat directeur du jury, les fermiers ou les locataires, ceux qui ont des droits d'usufruit, d'habitation ou d'usage, et ceux qui peuvent réclamer des servitudes résultant des titres mêmes de propriété ou d'autres actes dans lesquels il serait intervenu; si non, il reste seul chargé

(1) Art. 16 de la loi de 1833.

(2) Art. 17 *idem.*

(3) Art. 18 *idem.*

(4) Art. 17 *idem.*

(5) Circulaire ministérielle du 17 juillet 1838, se référant à l'ordonnance royale du 31 août 1830.

(6) Art. 57 de la loi de 1833.

(7) Art. 15 *idem.*

envers eux des indemnités que ces derniers pourraient réclamer. Les autres intéressés sont en demeure de faire valoir leurs droits par l'avertissement qui a eu lieu lors de la publication du plan parcellaire (*V.* ci-dessus page 8), et sont tenus de se faire connaître au magistrat directeur du jury, dans le même délai de huitaine, à défaut de quoi ils sont déchus de tous droits à l'indemnité (1).

Le délai de huitaine expiré, le préfet notifie (2) aux propriétaires et à tous autres intéressés qui ont été désignés ou qui sont intervenus, les sommes offertes pour indemnité (3). Dans la quinzaine suivante, les propriétaires et autres intéressés sont tenus de déclarer leur acceptation, ou, s'ils n'acceptent pas les offres qui leur sont faites, d'indiquer le montant de leurs prétentions (4).

Les tuteurs, les maris et autres personnes qui n'ont pas qualité pour aliéner un immeuble, peuvent valablement accepter les offres, lorsqu'ils s'y sont fait autoriser par le tribunal (5). S'il s'agit de biens appartenant à des départements, à des communes ou à des établissements publics, les préfets, les maires ou les administrateurs peuvent également accepter valablement les offres, lorsqu'ils sont autorisés par délibération du conseil général du département, du conseil municipal ou du conseil d'administration, approuvée par le préfet en conseil de préfecture (6). Les tuteurs, maris, préfets, maires, etc., ont un délai d'un mois pour déclarer leur acceptation (7).

Si les offres de l'administration ne sont pas acceptées, ou si,

(1) Art. 21 de la loi de 1833.

(2) Suivant l'art. 57 de la même loi, toutes les significations et notifications mentionnées dans cette loi sont faites à la diligence du préfet du département de la situation des biens, et peuvent être faites tant par huissier que par tout autre agent administratif dont les procès-verbaux font foi en justice. Une ordonnance royale du 18 septembre 1833 a réglé le tarif des frais d'expropriation.

(3) Art. 23 de la loi de 1833.

(4) Art. 24 *idem.*

(5) Art. 25 *idem.*

(6) Art. 26 *idem.*

(7) Art. 27 *idem.*

nonobstant l'acceptation du propriétaire, les créanciers inscrits et les autres intéressés déclarent, dans la quinzaine de la notification qui leur en est faite, qu'ils ne veulent pas se contenter de la somme convenue entre l'administration et le propriétaire, il est procédé au réglement des indemnités par un jury spécial (1).

Il n'entre pas dans notre plan d'indiquer la manière dont est composé ce jury, ni les règles qu'il doit suivre pour la fixation des indemnités : ces objets, qui font la matière des chapitres II et III du titre IV de la loi du 7 juillet 1833, sont du domaine judiciaire. Bornons-nous à dire que les jurés sont choisis, par la cour royale ou le tribunal du chef-lieu de département, parmi des électeurs désignés, dans chaque session annuelle, par le conseil général, et à signaler la modification introduite par l'art. 16 de la loi du 21 mai 1836, quant à la composition du jury : pour les chemins vicinaux, le jury n'est composé que de quatre jurés, et il est présidé et dirigé, soit par un membre du tribunal d'arrondissement, soit par le juge de paix du canton, selon le choix de ce tribunal ; il y a, en outre, trois jurés supplémentaires.

Les indemnités réglées par le jury, sont, préalablement à la prise de possession, acquittées entre les mains des ayant-droit. S'ils se refusent à les recevoir, la prise de possession a lieu après offres réelles et consignation (2).

Il ne doit pas être fait d'offres réelles toutes les fois qu'il existe des inscriptions sur l'immeuble exproprié, ou d'autres obstacles au versement des deniers entre les mains des ayant-droit ; dans ce cas, il suffit que les sommes dues par la commune soient consignées, pour être ultérieurement distribuées ou remises selon les règles du droit commun (3).

L'action en indemnité des propriétaires pour les terrains qui ont servi à l'élargissement, à l'ouverture ou au redressement des chemins vicinaux, est prescrite par le laps de deux ans (4).

(1) Art. 28 de la loi de 1833.

(2) Art. 53 *idem*.

(3) Art. 54 *idem*.

(4) Art. 18 de la loi du 21 mai 1836.

SECTION III.

Du déclassement et de ses suites.

§ 1er. — *Du déclassement.*

Le déclassement d'un chemin vicinal peut être prononcé par le préfet, si, toutefois, l'arrêté de classement n'a pas reçu l'approbation ministérielle, et n'a pas servi de base à une décision judiciaire passée en force de chose jugée (1).

Le déclassement doit être précédé de l'accomplissement des formalités prescrites pour le classement (*V.* ci-devant, page 1re). Ainsi, la proposition de déclassement doit être déposée à la mairie pendant un mois, et les habitants, prévenus de ce dépôt, doivent être invités à fournir leurs observations sur le projet; à l'expiration du délai d'un mois, le maire soumet la proposition au conseil municipal, avec les oppositions ou les observations des habitants, et adresse ensuite la délibération, ainsi que les pièces à l'appui, et un certificat constatant le dépôt, au préfet, qui statue.

Néanmoins, une autre formalité est nécessaire, si le chemin dont il s'agit paraît intéresser plusieurs communes. Dans ce cas, les conseils municipaux de ces communes doivent être appelés préalablement à délibérer sur le projet de déclassement; et, s'il n'y a pas unanimité dans les délibérations, une enquête doit être ouverte dans ces mêmes communes (2).

(*V.* modèle proposé d'arrêté de déclassement, n° 9.)

§ 2. — *Des suites du déclassement, soit total, soit partiel.*

C'est ici que nous devons parler des aliénations, qui peuvent être faites, des terrains retranchés de la vicinalité, soit par réduction de largeur (3), soit par suite de redressement ou de changement

(1) Instruction ministérielle du 24 juin 1836, page 9.

(2) Même instruction, même page.

(3) Il est évident que la réduction de largeur peut avoir lieu, en vertu de l'art. 15 de la loi du 21 mai 1836, de la même manière que l'augmentation, c'est-à-dire, par l'arrêté de classement ou par un arrêté postérieur. (*Voyez* page 6.)

partiel de direction, soit enfin par suite du déclassement, objet du § précédent.

L'art. 19 de la loi du 21 mai 1836 dispose que « en cas de changement de direction ou d'abandon d'un chemin vicinal, en tout » ou en partie, les propriétaires riverains de la partie de ce » chemin qui cesse de servir de voie de communication, peuvent » faire leur soumission de s'en rendre acquéreurs et d'en payer » la valeur, etc. »

M. Durieu (page 132 de son *Mémorial des percepteurs*, 1838), pense que le droit donné par cet article, aux propriétaires riverains, n'est pas un simple droit de préférence, et qu'ils peuvent exiger l'aliénation à leur profit des terrains retranchés de la vicinalité et contigus aux leurs. Mais nous préférons adopter l'opinion contraire déjà émise par M. Victor Dumay, dans son commentaire de la loi du 21 mai 1836, et consacrée dans plusieurs réglements de MM. les préfets, et notamment dans ceux de MM. les préfets du Pas-de-Calais et de Saône-et-Loire. C'est ainsi, d'ailleurs, que l'a décidé M. le ministre de l'intérieur, dans sa circulaire du 26 mars 1838.

En cas de déclassement total ou partiel d'un chemin vicinal, le conseil municipal doit donc être appelé à délibérer sur la question de savoir s'il est plus avantageux à la commune de vendre le sol de cet ancien chemin que de le conserver (1).

Si la portion de chemin ou le chemin n'est pas conservé pour l'exploitation des terres, et s'il n'est pas nécessaire aux besoins de la commune, les propriétaires riverains peuvent user de la faculté qui leur est accordée par l'art. 19 de la loi du 21 mai 1836. Jusqu'à ce qu'ils aient été mis en demeure d'user de cette faculté, ils peuvent la faire valoir; mais si, dans un délai déterminé, ils ne présentent pas leur soumission, il est évident que la commune rentre dans le droit de vendre les terrains aux enchères (2).

En cas de soumission de la part des riverains, le prix des terrains est fixé par deux experts, nommés, l'un par le sous-préfet,

(1) Instruction du 24 juin 1836, page 10, et circulaire du 26 mars 1838.
(2) Circulaire du 26 mars 1838.

l'autre par le propriétaire riverain : s'il y a discord entre eux, le tiers-expert est nommé par le conseil de préfecture (1).

Dans tous les cas, la vente doit être autorisée par le préfet, en conseil de préfecture (*V.* modèle n° 13), conformément à l'art. 10 de la loi du 28 juillet 1824 et à l'art. 46 de la loi du 18 juillet 1837, si la valeur des terrains à vendre n'excède pas 3,000 fr., à l'égard des communes dont le revenu est au-dessous de 100,000 fr., ou 20,000 fr. à l'égard des autres communes; et si la valeur de ces terrains excède 3,000 fr. ou 20,000 fr. (selon le revenu des communes), une ordonnance royale est nécessaire (2).

(1) Art. 19 et 17 de la loi du 21 mai 1836.

(2) Circulaire du 26 mars 1838. Mémorial Durieu, 1838, page 135.

CHAPITRE II.

Des ressources et de leur réalisation.

SECTION Ire.

Des ressources en général.

Les ressources applicables aux travaux des chemins vicinaux sont :

1°. Les revenus ordinaires ;

2°. En cas d'insuffisance des revenus ordinaires, les prestations en nature, et les centimes spéciaux additionnels au principal des quatre contributions directes (1) ;

3°. Les ressources extraordinaires que peuvent posséder les communes ;

4°. Les impositions extraordinaires que les conseils municipaux et les plus imposés peuvent voter, en cas d'insuffisance du maximum des prestations et des centimes (2) ;

5°. Les subventions particulières pour cause de dégradations extraordinaires (3) ;

6°. Les subventions départementales (4) ;

7°. Les offres que font quelquefois les particuliers.

Nous ne parlons pas des contributions auxquelles sont assujetties les propriétés de l'état et de la couronne, aux termes de l'art. 13 de la loi du 21 mai 1836 ; car, bien qu'imposées d'après un rôle spécial, elles se confondent avec les centimes spéciaux.

Les prestations en nature, les centimes spéciaux et les prélè-

(1) Art. 2 de la loi du 21 mai 1836.

(2) Art. 6 de la loi du 28 juillet 1824.

(3) Art. 14 de la loi du 21 mai 1836.

(4) Art. 8 de la même loi.

vements sur les revenus ordinaires et extraordinaires sont votés par le conseil municipal, dans la session de mai, sur le rapport du maire, qui a dû faire, ainsi que le prescrivent les réglements rédigés pour l'exécution de la loi du 21 mai 1836, la visite, dans le mois d'avril, des chemins vicinaux, et a dû en constater l'état, pour apprécier les ressources qu'exige leur réparation. Ces votes sont transmis au préfet, qui porte, s'il y a lieu, au budget, les crédits imputés sur les revenus ordinaires ou extraordinaires, et qui fait dresser les rôles de prestations ou fait comprendre les centimes spéciaux dans les rôles généraux, par la communication qu'il donne, des délibérations, au directeur des contributions directes (1).

Toutefois, les préfets ne doivent pas autoriser l'imposition des centimes spéciaux votés pour l'entretien des chemins vicinaux, dans les villes dont le roi règle le budget, sans en avoir préalablement référé au ministre de l'intérieur (2).

Pour que les délibérations soient plus complètes et plus régulières, il est utile de faire imprimer des formules qu'on adresse aux maires avant la session de mai. (Modèle n° 14.)

Nous allons passer en revue successivement les diverses espèces de ressources applicables aux chemins vicinaux.

SECTION II.

Des revenus ordinaires.

La plupart des communes rurales ne peuvent affecter aucune portion de leurs revenus ordinaires aux chemins vicinaux. Quand les conseils municipaux votent un prélèvement sur ces revenus, il faut avoir soin, non seulement que la délibération spéciale aux chemins vicinaux en fasse mention, mais encore que la proposition en soit portée au budget, chapitre Ier des dépenses. On sait que le prélèvement n'est certain qu'après que l'autorité chargée de régler le budget l'a alloué.

(1) Art. 5 de la loi du 28 juillet 1824; instruction du 24 juin 1836, page 18; circulaire du 12 septembre 1836.

(2) Circulaire ministérielle du 1er juillet 1837.

SECTION III.

Des prestations en nature.

La prestation en nature est, en cas d'insuffisance des revenus ordinaires, la principale ressource destinée aux réparations des chemins vicinaux. Les conseils municipaux peuvent voter jusqu'à trois journées de travail par prestation, pour subvenir à ces réparations. (1).

Tout habitant, chef de famille ou d'établissement, à titre de propriétaire, de régisseur, de fermier ou de colon partiaire, porté au rôle des contributions directes, peut être appelé, chaque année, à fournir une prestation de trois jours, 1° pour sa personne et pour chaque individu mâle, valide, âgé de dix-huit ans au moins et de soixante ans au plus, membre ou serviteur de la famille et résidant dans la commune; 2° pour chacune des charrettes ou voitures attelées, et en outre pour chacune des bêtes de somme, de trait, de selle, au service de la famille ou de l'établissement dans la commune (2).

Cette disposition de la loi a donné lieu à plusieurs solutions que nous allons rapporter.

« 1°. La prestation en nature est due pour sa personne, par tout habitant de la commune, qu'il soit célibataire ou marié, et quelle que soit sa profession, si d'ailleurs il est porté au rôle des contributions directes, mâle, valide, et âgé de dix-huit ans au moins et soixante ans au plus;

» 2°. La prestation en nature est due par tout habitant de la commune, qu'il soit célibataire ou marié, s'il est porté au rôle des contributions directes, mâle, valide, âgé de dix-huit ans au moins et de soixante ans au plus, chef de famille ou d'établissement, à titre de propriétaire, de régisseur, de fermier ou de colon partiaire. Dans ce cas, il doit la prestation pour sa personne d'abord, puisqu'il réunit toutes les conditions nécessaires; il la doit en outre pour

(1) Art. 2 de la loi du 21 mai 1836.

(2) Art. 3 de la loi du 21 mai 1836.

chaque individu mâle, valide, âgé de dix-huit ans au moins et de soixante ans au plus, membre ou serviteur de la famille, et résidant dans la commune; il la doit encore pour chaque charrette ou voiture attelée, et pour chaque bête de somme, de trait ou de selle, au service de la famille ou de l'établissement dans la commune.

» 3°. La prestation en nature est due par tout individu, même non porté nominativement au rôle des contributions directes de la commune, même âgé de moins de dix-huit ans ou de plus de soixante ans, même invalide, même du sexe féminin, même enfin n'habitant pas la commune, si cet individu est chef d'une famille qui habite la commune, ou si, à titre de propriétaire, de régisseur, de fermier ou de colon partiaire, il est chef d'une exploitation agricole ou d'un établissement situé dans la commune. Dans ce cas, toutefois, il ne devra pas la prestation pour sa personne, puisqu'il n'est pas dans les conditions voulues par la loi, mais il la devra pour tout ce qui, personnes ou choses, dans les limites de la loi, dépend de l'établissement dont il est propriétaire ou qu'il gère à quelque titre que ce soit (1).

C'est *l'habitation*, la résidence *de fait* qui rend la prestation exigible dans une commune, et il n'est pas nécessaire que l'habitation ait commencé à une certaine époque avant l'imposition, il suffit qu'elle ait lieu au moment de la publication du rôle (2).

Il est à remarquer qu'on attache au mot de *serviteur*, dont s'est servie la loi de 1836, une signification plus étendue qu'à celui de *domestique*, employé par la loi du 28 juillet 1824. La nouvelle expression comprend tous les individus à gages ou à traitement annuel ou mensuel, attachés au service de la personne du maître, de sa maison ou de son établissement. Les ouvriers à la journée ou à la tâche ne sont pas compris dans la catégorie des serviteurs (3).

Il faut que les voitures soient *attelées* pour être imposables. Ainsi, un individu qui aurait une voiture sans chevaux, ne devrait

(1) Instruction du 24 juin 1836, page 21.

(2) Instruction du 24 juin 1836, page 22; commentaire de la loi du 21 mai 1836, art. 3, par M. Victor Dumay.

(3) Même instruction, page 24, et même commentaire.

pas de prestation pour cette voiture; celui qui aurait plusieurs voitures et un seul cheval, ne devrait que la prestation d'une voiture et d'un cheval, etc. (1)

Les bêtes de trait ou de selle faisant l'objet d'un commerce ou destinées à la consommation ou à la reproduction, celles qui ne sont pas encore livrées à un service ou ont cessé d'être employées, ne peuvent être atteintes par la prestation (2).

Il en est de même des chevaux que possedent, pour l'exercice de leurs fonctions, les employés des contributions indirectes (3).

Le vote des journées de prestations doit atteindre également tout ce qui, hommes ou choses, est passible de la prestation en nature. Ainsi, un conseil municipal ne pourrait point, par exemple, voter deux journées de travail d'homme, et seulement une journée de travail de bêtes de trait, etc. (4)

Le contrôleur des contributions directes, assisté des répartiteurs, est chargé (5) de rédiger, dans chaque commune où la prestation en nature doit être votée, un état-matrice des habitants qui peuvent être tenus à cette prestation. Dressé de manière à pouvoir servir pendant trois ans (6), cet état matrice est révisé, chaque année, à l'époque de la tournée du contrôleur; dès qu'il est confectionné ou révisé, il est transmis au directeur des contributions directes, pour devenir la base légale des rôles de prestations (7).

Le conseil général fixe annuellement, sur les propositions des conseils d'arrondissement, la valeur de chaque espèce de journée de prestation (8).

(1) Instruction du 24 juin 1836, page 25; commentaire de la loi du 21 mai 1836, art. 3, par M. Victor Dumay.

(2) *Idem.*

(3) Décision particulière de M. le ministre de l'intérieur, du 8 août 1837, insérée au mémorial Durieu.

(4) Circulaire de M. le ministre de l'intérieur du 11 avril 1839.

(5) Circulaires de MM. les ministres des finances et de l'intérieur du 12 septembre 1836.

(6) Instruction du 24 juin 1836, page 32.

(7) Circulaires du 12 septembre 1836.

(8) Art. 4 de la loi du 21 mai 1836.

Le préfet transmet le tarif de conversion en argent ainsi arrêté par le conseil général, et communique les délibérations des conseils municipaux portant vote de prestations, au directeur des contributions directes, qui procède à la rédaction des rôles (1), lesquels doivent contenir l'indication de la valeur en argent de chaque espèce de journée, d'après le taux arrêté par le conseil général (2). Le directeur des contributions directes (3) rédige aussi des avertissements contenant principalement l'invitation aux contribuables de déclarer, dans le mois de la publication des rôles, s'ils entendent se libérer en nature ou en argent, et la mention qu'aux termes de l'art. 4 de la loi du 21 mai 1836, leurs cotes seraient de droit exigibles en argent, s'ils n'avaient pas déclaré leur option dans le mois (4).

Les rôles de prestation doivent être rédigés de manière à être remis au préfet avant la fin d'octobre (5). Le préfet les revêt immédiatement de son exécutoire, et prescrit aux maires de les faire publier dans les premiers jours de novembre (6). Ils sont envoyés dans les communes, avec les avertissements, pour y être publiés dans la même forme que ceux des contributions directes (7).

Pour la rédaction des états-matrices et la vérification des réclamations dont nous parlerons bientôt, les contrôleurs des contributions directes ont droit à un centime et demi par article. Pour la rédaction des rôles, l'expédition des avertissements et la fourniture des imprimés nécessaires, tant pour ces deux dernières pièces que pour les états-matrices, il est alloué au directeur des contributions directes, quatre centimes aussi par article (8). Lorsque, les communes pouvant se dispenser de recourir à la prestation, il n'est expédié ni rôles ni avertissements, il n'y a à payer que les frais

(1) Circulaires du 12 septembre 1836.
(2) Instruction du 24 juin 1836, page 32.
(3) Circulaire du 12 septembre 1836 (*finances*).
(4) Instruction du 24 juin, page 34.
(5) Circulaire de M. le ministre de l'intérieur du 11 juin 1838.
(6) Même circulaire.
(7) Circulaire du 12 septembre 1836 (*finances*).
(8) Même circulaire du 12 septembre.

de rédaction ou de régularisation des états-matrices ; dans ce cas, les contrôleurs ayant exécuté toute la partie du travail dont ils sont chargés, doivent être rétribués, comme à l'ordinaire, à raison d'un centime et demi par article ; mais le directeur n'a droit qu'à un demi-centime par article pour l'impression et la régularisation des états-matrices (1).

L'état du montant des rôles, que le directeur doit fournir au préfet, pour que celui-ci connaisse l'importance des prestations de son département, sert aussi à faire rembourser, aux agents des contributions directes, ces différents frais, qui sont acquittés, soit sur les ressources affectées aux chemins vicinaux, soit sur les fonds ordinaires des communes, et sont centralisés, au compte des cotisations municipales, dans la caisse du receveur général des finances (2). L'arrêté qui termine les états de répartition au moyen desquels cette centralisation a lieu, doit contenir la mention de l'obligation, par le receveur général, de recouvrer les sommes dues par les communes, dans les deux mois qui suivent la remise des états (3). (*V.* le modèle n° 15.) L'état de distribution de la somme totale entre le directeur et les contrôleurs est soumis par le directeur au préfet, qui délivre en conséquence un mandat au profit de chaque partie prenante (4).

Les réclamations relatives aux rôles de prestations sont instruites et jugées comme celles qui concernent les contributions directes, c'est-à-dire, qu'elles doivent être présentées dans les trois mois de l'émission des rôles, qu'elles sont communiquées aux répartiteurs, vérifiées par le contrôleur des contributions directes, et jugées, sur le rapport du directeur, par le conseil de préfecture, sauf recours au conseil d'état (5).

La prestation peut être acquittée en nature ou en argent, au gré du contribuable (6). Le maire ou son adjoint tient une note

(1) Circulaire de M. le ministre des finances du 26 février 1838.

(2) Circulaire du 12 septembre 1836. (*finances.*)

(3) Circulaire de M. le ministre des finances du 14 juin 1838.

(4) Circulaire du 12 septembre 1836. (*finances*).

(5) Art. 5 de la loi du 28 juillet 1824, et instruction du 24 juin 1836, page 35.

(6) Art. 4 de la loi du 21 mai 1836.

exacte des déclarations d'option que les individus soumis à la prestation ont été invités, par les avertissements, à faire dans le délai d'un mois à partir de la publication du rôle; il la clôt à l'expiration du mois, et la transmet immédiatement au receveur municipal, qui en fait mention sur le rôle (1). Toutes les fois que le contribuable n'a pas opté dans le délai prescrit, la prestation est de droit exigible en argent (2).

Dans la quinzaine qui suit le délai d'option, le receveur municipal dresse un relevé ou extrait du rôle, en deux parties, contenant, d'une part, le détail, par prestataire, des journées de prestations à fournir en nature, et d'autre part, le total des cotes exigibles en argent par suite ou à défaut de déclarations d'option (3). Pour constater la date des réquisitions, et empêcher ainsi des complaisances violatrices de la loi, nous proposons d'ajouter quelques colonnes au modèle de cet extrait donné à la suite de l'instruction ministérielle du 24 juin 1836 (*V.* modèle n° 16). Comme il importe que le préfet connaisse la situation financière des communes, nous pensons aussi que les extraits de rôles doivent lui être adressés, avant d'être remis aux maires, afin qu'il en fasse prendre un relevé, et que, d'ailleurs, il les retienne pour faire employer les prestations qui peuvent être dues par les communes à titre de contingents dans les dépenses des chemins vicinaux de grande communication. (*V.* à cet égard la *seconde partie, chapitre* 3, *section* 3.)

Le recouvrement des prestations exigibles en argent a lieu comme en matière de contributions directes, et dans les mêmes délais. Ainsi, c'est au receveur des finances à autoriser l'emploi de la contrainte; néanmoins, pour que des frais ne soient pas faits en pure perte contre des contribuables indigents, le receveur municipal ne peut user de ce mode de poursuites qu'après en avoir référé au préfet, ou seulement au sous-préfet, s'il ne s'agit que de contrainte par garnison collective (4).

(1) Instruction du 24 juin, page 34.

(2) Art. 4 de la loi du 21 mai.

(3) Instruction du 24 juin, page 34.

(4) Art. 5 de la loi du 28 juillet 1824; instruction du 24 juin 1836, page 19; circulaire de M. le ministre de l'intérieur du 6 décembre 1838.

Les remises des receveurs municipaux, tant pour le recouvrement des prestations, soit en nature, soit en argent, que pour la distribution des avertissements (1), avaient été fixées à trois centimes par franc du montant total des prestations (2); mais à partir de l'exercice 1840 (3), elles devront être calculées d'après les bases déterminées par les ordonnances royales des 17 avril et 23 mai 1839, portées aux budgets communaux, et prélevées, par suite, sur les ressources ordinaires. Quand il ne sera pas possible d'imputer les remises sur ces dernières ressources, il sera utile de prescrire aux receveurs de ne les prélever sur les prestations en argent ou sur les centimes spéciaux, qu'en vertu d'une autorisation spéciale, afin que les sommes qui pourraient être dues aux chemins vicinaux de grande communication soient toujours acquittées intégralement, les communes devant pourvoir particulièrement au paiement des frais des rôles (4).

SECTION IV.

Des centimes spéciaux.

L'article 2 de la loi du 21 mai 1836 autorise les conseils municipaux à voter, en cas d'insuffisance des ressources ordinaires, des centimes spéciaux en addition au principal des quatre contributions directes, et dont le maximum est fixé à *cinq*.

Le même article porte que les conseils municipaux peuvent voter ou des centimes spéciaux, ou des prestations en nature, ou ces deux ressources à la fois. Il dispense du concours des plus imposés exigé, quant au vote des centimes spéciaux, par l'art. 5 de la loi du 28 juillet 1824.

SECTION V.

Des ressources extraordinaires.

Il arrive assez souvent que des communes possèdent des

(1) Circulaire ministérielle du 16 mai 1837 (*intérieur*).
(2) Circulaire du 12 septembre 1836 (*finances*)
(3) Circulaire du 1er juin 1839 (*finances.*)
(4) Circulaire du 16 mai 1837 (*intérieur*).

ressources provenant d'économies, de ventes de terrains, de coupes de bois extraordinaires. Lorsque ces ressources n'ont pas de destination spéciale, elles peuvent être affectées aux dépenses des chemins vicinaux. Dans ce cas, le conseil municipal propose l'allocation d'un crédit au chapitre II des dépenses du budget.

SECTION VI.

Des impositions extraordinaires.

La loi du 21 mai 1836 n'a pas abrogé l'art. 6 de celle du 28 juillet 1824, portant que « si des travaux indispensables exigent qu'il » soit ajouté des contributions extraordinaires au produit des » prestations, il y sera pourvu, conformément aux lois par des » ordonnances royales. »

Ces impositions extraordinaires ne peuvent être autorisées qu'en cas d'insuffisance des trois journées de prestations et des cinq centimes spéciaux, qui doivent toujours avoir été votés préalablement (1).

L'établissement d'une imposition extraordinaire est proposé par le conseil municipal, assisté des plus imposés aux rôles de la commune, appelés en nombre égal à celui des membres en exercice, et convoqués individuellement par le maire, au moins dix jours avant celui de la réunion (2). La proposition est rendue exécutoire par une ordonnance du roi, ou seulement par arrêté du préfet, si la dépense dont il s'agit est obligatoire et si la commune a moins de 100,000 fr. de revenus (3). (*V.* modèle d'arrêté n° 17.)

SECTION VII.

Des subventions particulières pour cause de dégradations extraordinaires.

Les cas où des subventions peuvent être demandées à des particuliers, à des établissements publics, à la Couronne, à l'Etat,

(1) Cicrculaire ministérielle du 8 septembre 1836.

(2) Art. 42 de la loi du 18 juillet 1837.

(3) Art. 40 *idem.*

pour cause de dégradations extraordinaires des chemins vicinaux, et les formalités qui doivent précéder et suivre cette demande, ont été clairement et complètement établis dans l'instruction du 24 juin 1836, sans qu'aucune modification ait été apportée depuis aux dispositions qu'elle contient à cet égard. Nous n'avons donc pas à nous étendre sur ce sujet. Bornons-nous à rappeler rapidement les formalités à remplir.

Le chemin doit être entretenu à l'état de viabilité par la commune.

La reconnaissance de la viabilité du chemin doit avoir lieu avant le commencement de l'exploitation, s'il s'agit d'une exploitation temporaire; elle doit être faite au commencement de l'année, si l'exploitation est habituelle et permanente. Cette reconnaissance est faite contradictoirement entre les parties intéressées; à cet effet, le maire invite par écrit le propriétaire ou l'exploitant à se rendre, un jour qu'il indique, sur le chemin sujet à la dégradation; l'invitation est portée par le garde champêtre, qui en tire reçu ou dresse un procès-verbal de la remise. Le maire et l'autre partie intéressée étant réunis sur les lieux, l'état du chemin est reconnu; et si les parties sont d'accord, il en est dressé procès-verbal. Si au contraire, on ne peut tomber d'accord sur l'état de viabilité du chemin, ou si la partie intéressée, dûment appelée par le maire, ne s'est pas rendue à son invitation, l'état du chemin doit être constaté par une expertise. Dans ce cas, le maire rend compte au sous-préfet de la non comparution de la partie intéressée; le sous-préfet nomme un expert (*V.* modèle n° 18.), et invite le propriétaire ou l'exploitant à nommer le sien. Si cette invitation n'est pas suivie d'effet, le sous-préfet, après avoir fait constater le refus ou la négligence, choisit le second expert. (*V.* modèle n° 19.) Il est procédé alors, par les deux experts, à la reconnaissance de l'état des lieux. En cas de discord entre eux, il en est référé au préfet, qui provoque, près du conseil de préfecture, la nomination d'un tiers-expert.

A la fin de l'exploitation, si elle est temporaire; à la fin de l'année si l'exploitation est habituelle, les dégradations sont constatées par des experts nommés dans la forme que nous venons d'indiquer pour la reconnaissance de viabilité du chemin. Ensuite, le procès-verbal de l'expertise est soumis au conseil de préfecture, qui règle la subvention.

La décision du conseil de préfecture doit être notifiée au subventionnaire, qui peut, dans le délai de quinze jours à partir de cette notification, opter pour sa libération en nature.

Quand il y a accord entre les parties, toutes ces formalités sont inutiles : la subvention peut être fixée par abonnement entre le conseil municipal et le propriétaire ou l'exploitant. Dans ce cas, elle est réglée définitivement par le préfet, en conseil de préfecture. (*V.* modèle n° 20.)

La subvention doit toujours être employée exclusivement sur le chemin qui y a donné lieu.

SECTION VIII.

Des subventions départementales.

L'art. 8 de la loi du 21 mai 1836 porte que les simples chemins vicinaux peuvent, *dans des cas extraordinaires*, recevoir des subventions sur les fonds départementaux. Ces cas sont rares : tels seraient ceux de la reconstruction d'un pont, de la construction complète d'un chemin vicinal, etc ; et M. le ministre de l'intérieur, dans son instruction du 24 juin 1836 (1), s'est réservé formellement de les apprécier et d'autoriser l'application des subventions départementales aux chemins vicinaux autres que ceux de grande communication. Toutefois, si un cas fortuit venait à interrompre une communication importante, le préfet pourrait y pourvoir d'urgence, sauf à en rendre compte au ministre (2).

Pour diminuer la correspondance à laquelle cette réserve donne lieu, M. le ministre de l'intérieur a prescrit à MM. les préfets de ne point lui faire, à cet égard, de proposition spéciale pour chaque cas, mais de réunir toutes les propositions sur des états qui devront lui être adressés à deux époques de l'année : avant la fin de

(1) Page 60.
(2) Circulaire ministérielle du 3 octobre 1839 *(intérieur)*.

décembre pour l'année suivante, et en septembre ou en octobre pour l'emploi du restant du crédit (1).

On conçoit qu'une subvention ne peut être accordée qu'en cas d'insuffisance des ressources communales et du produit du vote d'au moins trois journées de prestation et cinq centimes spéciaux, maximum déterminé par l'art. 2 de la loi du 21 mai 1836.

On doit avoir soin d'assurer l'emploi exclusif de la subvention à l'objet pour lequel elle a été accordée.

SECTION IX.

Des offres de particuliers.

Lorsque des particuliers, intéressés au bon état d'un chemin vicinal, offrent des sommes pour concourir à son entretien ou à son établissement, on ne doit pas accepter légèrement ces sortes d'offres, surtout si elles sont conditionnelles, et avant d'entreprendre les travaux pour lesquels elles ont été faites, on doit les faire verser préalablement dans la caisse municipale, ou du moins en assurer la réalisation par la souscription d'un engagement valable de la part des particuliers.

SECTION X.

Des impositions d'office.

Pour les chemins vicinaux, il est rarement nécessaire de recourir à l'imposition d'office. Dans toutes les communes, les conseils municipaux sentent le besoin de faire réparer et entretenir des chemins qui leur sont d'une utilité immédiate, et ils votent à cet effet des ressources suffisantes.

Cependant, il peut arriver, comme le législateur l'a prévu, qu'un conseil municipal refuse d'assurer la réalisation de ressources pour faire face à des réparations d'une nécessité absolue. Dans ce cas, l'intervention du préfet doit, néanmoins, être provoquée par des plaintes, soit des habitants de la commune, soit des communes

(1) Même circulaire, du 3 octobre 1839.

voisines (1); ou bien elle doit être la conséquence d'un arrêté antérieur pris en exécution de l'art 6 de la loi du 21 mai 1836 (2), arrêté qui même n'a dû être rendu que sur la réclamation d'une ou de plusieurs communes.

Le préfet doit d'abord faire constater l'état de dégradation du chemin dont il s'agit (3) : il désigne, pour cet objet, un commissaire qu'il peut choisir parmi les membres du conseil général et des conseils d'arrondissement, ou parmi les agents-voyers. Le commissaire, dans son rapport, évalue approximativement la dépense à faire.

Par un arrêté motivé (4) (*V.* modèle n° 21), le préfet met alors en demeure le conseil municipal de voter, dans un délai déterminé, les prestations et les centimes nécessaires (5).

Si le conseil municipal refuse, ou s'il laisse passer le délai sans faire aucune réponse, le préfet fait usage du pouvoir qui lui est conféré par l'art. 5 de la loi du 21 mai. Toutefois, cet article doit être combiné avec les art. 1er et 2 de la même loi, et ce n'est qu'en cas d'insuffisance des revenus ordinaires que des prestations et des centimes peuvent être imposés. S'il y a des revenus ordinaires disponibles, le préfet, en conseil de préfecture, inscrit d'office la dépense au budget, en vertu de l'art. 39 de la loi du 18 juillet 1837 (*V.* modèle n° 22); ou, si la commune a cent mille francs de revenus ou davantage, il propose au roi l'inscription de l'allocation nécessaire (6). Mais si les revenus ordinaires sont insuffisants, le préfet doit imposer, *dans une proportion équitable* (7), des prestations et des centimes, sans dépasser la limite du maximum fixé par l'art. 2 de la loi du 21 mai 1836. (*V.* modèle n° 23.)

(1) Instruction du 24 juin, page 41.

(2) *V.* ci-après, *chapitre III, section V.*

(3) Instruction du 24 juin, page 41.

(4) Même instruction, page 42.

(5) Art. 5 de la loi du 21 mai.

(6) Circulaire ministérielle du 30 avril 1839.

(7) *V.* Sur ce point l'instruction du 24 juin, page 42. M. Victor umay (commentaire, page 51) dit cependant que le préfet peut, comme le conseil municipal, opter entre les prestations ou les centimes. En effet, l'inconvénient signalé

Le directeur des contributions directes est chargé de la rédaction des rôles. (*V.* page 22.)

Après que le rôle de prestation a été rendu exécutoire et qu'il a été publié dans la commune, le préfet doit encore prendre un arrêté, auquel il donne la publicité nécessaire, et par lequel il prévient les habitants du délai qui leur est accordé pour déclarer au receveur municipal leur option de s'acquitter en nature ou en argent (1). (*V.* modèle n° 24.) Le délai expiré, toutes les cotes pour lesquelles il n'a pas été fait d'option sont, de droit, exigibles en argent (2).

L'état des impositions d'office établies en vertu de l'art. 5 de la loi du 21 mai 1836, doit, ainsi que le prescrit cet article, être communiqué chaque année au conseil général.

par l'instruction ministérielle est bien plus grand, quand le conseil municipal vote : c'est alors que ce conseil peut, en vertu de la loi, s'affranchir des prestations et ne faire imposer que les propriétés; pour parvenir à ce but, il n'est pas nécessaire qu'il montre de la résistance.

(1) Instruction du 24 juin, page 43.

(2) Art. 4 de la loi du 21 mai.

CHAPITRE III.

Des travaux.

SECTION Ire.

De l'emploi des prestations en nature.

L'EMPLOI des prestations en nature peut avoir lieu soit par journées, soit par tâches.

L'emploi par tâches est autorisé par l'art. 4, § 3, de la loi du 21 mai 1836, lequel porte : « La prestation non rachetée en argent » pourra être convertie en tâches, d'après les bases et évaluations » de travaux préalablement fixées par le conseil municipal. » Ainsi, c'est au conseil municipal à faire le tarif de conversion en tâches, sauf l'approbation du préfet, suivant les règles générales (1).

Quelles que soient les difficultés que présente encore le mode d'emploi par tâches, il est préférable à l'emploi par journées ; aussi est-il à regretter que les conseils municipaux négligent d'arrêter des tarifs ; mais cet inconvénient, senti et signalé, ainsi que MM. les préfets en ont été informés par la circulaire de M. le ministre de l'intérieur, du 12 août 1839, fera, nous l'espérons, comprendre dans les attributions des conseils généraux, la fixation des tarifs de conversion en tâches.

Le réglement général rédigé dans chaque département a déterminé les époques auxquelles doivent se faire les travaux de prestation en nature. Ces époques, comme celles que le préfet fixerait par exception, sur la demande des maires, sont les seules limites légales imposées à ces derniers fonctionnaires ou l'emploi de la

(1) Instruction du 24 juin, page 29 ; loi du 18 juillet 1837, art. 19.

prestation en nature (1); dans aucun cas, elles ne doivent se prolonger au-delà des délais fixés par l'ordonnance royale du 1er mars 1835 pour la clôture de l'exercice (2). En présence du texte positif de la loi du 21 mai 1836, art. 3 : « Tout habitant...... pourra être » appelé à fournir, *chaque année*, une prestation de trois jours, » nous pensons même que l'acquittement des prestations en nature, qui ne sont pas exigibles en argent, n'est plus obligatoire après le 31 décembre de l'année pour laquelle ell s ont été votées.

Soit que le mode d'emploi par tâches soit suivi, soit que l'emploi ait lieu par journées, quinze jours (3) avant l'époque fixée pour l'ouverture des travaux, le dimanche, le maire fait publier à l'issue de la messe paroissiale, et afficher à la porte de la maison commune, l'avis que les travaux de prestation en nature vont commencer dans la commune. La publication est répétée un second dimanche, et en même temps le maire fait remettre, à chaque contribuable tenu à la prestation, un avis signé portant réquisition de se trouver tel jour, à telle heure, sur tel chemin, pour y faire les travaux qui seront indiqués; ou, si la conversion des journées en tâches a lieu dans la commune, portant la mention de la nature et de l'importance des tâches que le contribuable est requis d'effectuer. Ces avis, que le préfet fait imprimer au compte des fonds de cotisations municipales, et dont les modèles ont été donnés à la suite de l'instruction du 24 juin, doivent aussi contenir la mention que si le contribuable négligeait d'obéir à la réquisition qui lui est faite, sa cote deviendrait de droit exigible en argent. Ils sont remis, sans frais, par le garde champêtre ou tout autre agent de la municipalité (4).

Les travaux de prestation doivent être exécutés sous la surveillance du maire, de son adjoint, ou d'un membre du conseil municipal, spécialement délégué par le maire. Ce surveillant est muni

(1) Circulaire ministérielle du 19 novembre 1838.

(2) Instruction du 24 juin, page 38.

(3) Ce délai ne paraît pas prescrit impérieusement; il ne peut pas toujours être observé.

(4) Instruction du 24 juin, page 36 et 37.

de l'extrait de rôle dont nous avons parlé plus haut (page 24). Il émarge cet extrait, en regard du nom de chaque prestataire, du nombre de journées que ce prestataire a acquittées ou fait acquitter pour son compte; il décharge, en même temps, l'avis qui avait été envoyé au contribuable.

On entend, par journée de travail, l'intervalle compris entre le lever et le coucher du soleil, avec repos d'eviron une heure à midi pour le repas. Il en était ainsi autrefois, en fait de corvées (1).

Il était aussi de principe que le corvéable était obligé de se fournir de tous les instruments nécessaires pour l'exercice de la corvée, tels que pioche, pelle, brouette, etc. (2) Bien qu'il soit à peu près impossible que les communes aient en magasin tous les outils nécessaires, nous pensons qu'il serait rigoureux d'appliquer aujourd'hui ce principe à la prestation en nature. — Toutefois, le modèle d'avertissement donné à la suite de l'instruction du 24 juin 1836 contient l'invitation, au prestataire, de se munir de ces instruments.

En conduisant des bètes de somme ou une voiture, un contribuable s'acquitte de la prestation en nature qu'il doit pour sa personne (3).

Quand un prestataire ne s'est pas rendu, au jour fixé, sur l'atelier qui lui a été désigné pour acquitter ses prestations, ou n'a pas accompli sa tâche au terme indiqué, ou n'a fourni qu'une partie des journées par lui dues, soit en manquant aux heures, soit autrement, sa cote ou le restant de sa cote est exigible en argent (4).

Dans ce dernier cas, le maire adresse au receveur municipal le nom du prestataire récalcitrant ou retardataire, avec invitation de recouvrer la cote ou la partie de la cote devenue exigible en argent (5). Ce recouvrement a lieu de la manière que nous avons indiquée à la section III du chapitre II (page 24).

(1) Commentaire de M. Victor Dumay, art. 3.

(2) *Idem.*

(3) Circulaire du 21 octobre 1836 (*intérieur*).

(4) Instruction du 24 juin, page 37.

(5) *Idem*, page 38.

Les prestataires ne peuvent jamais être tenus d'effectuer leurs prestations sous le contrôle, ni pour le compte d'un adjudicataire des travaux de la commune (1). Quand il est jugé nécessaire de faire exécuter une partie de travaux adjugés, au moyen de prestations, on doit se réserver la faculté d'indiquer aux prestataires les travaux qu'on croira préférable de leur faire effectuer, sans que ce mode puisse donner lieu à aucune réclamation de la part de l'entrepreneur. Il est bon d'obliger celui-ci à préparer, s'il en est besoin, les matériaux qui serviront à l'emploi des prestations, et à achever les travaux commencés par les prestataires, le tout au prix de son adjudication. Les travaux exécutés et les fournitures faites par prestation sont ensuite reconnus et constatés dans les formes ordinaires ; ils sont évalués d'après le prix d'adjudication, et la somme à payer à l'entrepreneur est diminuée d'autant.

SECTION II.

De l'emploi des ressources en argent.

Les réglements rédigés en exécution de l'art. 21 de la loi du 21 mai 1836 ont, en général, posé la règle qu'aucune dépense sur les ressources en argent applicables aux chemins vicinaux, quelle qu'en soit l'importance, ne peut avoir lieu sans une autorisation préalable et spéciale, bien que des crédits imputables sur ces ressources soient portés aux budgets communaux. L'utilité de cette règle nous paraît établie, quoiqu'elle soit peut-être en contradiction avec l'art. 5 du décret du 10 brumaire an XIV, appliqué aux communes par le décret du 17 juillet 1808. En effet, il importe d'assurer, non seulement le bon emploi des ressources et le paiement des dépenses, mais encore la réserve des sommes et des valeurs affectées aux chemins vicinaux de grande communication, sommes et valeurs que les maires sont trop souvent disposés à employer sur les simples chemins vicinaux.

Pour atteindre ce but, il est nécessaire d'ouvrir dans chaque préfecture et dans chaque sous-préfecture, un registre ou carnet

(1) Instruction du 24 juin, page 29.

indiquant séparément les ressources générales des communes applicables aux chemins vicinaux, et les dépenses de toute nature autorisées sur ces ressources. (*V.* modèle n. 25.)

Les ressources en argent peuvent être employées ou par voie de régie ou économie, ou par voie d'adjudication. Ces deux modes sont assujettis à des formalités distinctes.

Des dépenses par régie.

La rédaction d'un devis des travaux est toujours nécessaire, à moins que la dépense ne soit au-dessous de 300 fr. (1), auquel cas il suffit de l'autorisation préalable du sous-préfet. Au-dessus de 300 fr., généralement, la dépense ne peut avoir lieu que par voie d'adjudication, à moins que le préfet n'ait accordé une dispense à cet égard ; mais le devis, jusqu'à 2,000 fr., ne doit être soumis qu'à l'approbation du sous-préfet.

Pourquoi, dans le but d'abréger et de simplifier les opérations, ne pas donner à ce fonctionnaire le droit de dispenser de l'adjudication jusqu'à la même somme de 2,000 fr.?

Sauf les exceptions prévues par l'ordonnance royale du 14 novembre 1837, les préfets, aux termes de l'art. 2 de cette ordonnance, ne peuvent accorder de dispense d'adjudication que jusqu'à 3,000 fr.

Il est bien entendu que l'approbation pure et simple du devis emporte autorisation de faire la dépense, mais selon les règles générales, c'est-à-dire, par voie d'adjudication, si cette dépense excède 300 fr.

Des dépenses par voie d'adjudication.

Dans tous les cas, les fournitures ou les travaux faisant l'objet d'une adjudication, doivent être compris dans un devis, que le maire soumet à l'approbation du sous-préfet, s'il n'excède pas 2,000 fr., et à celle du préfet, s'il dépasse cette somme. Le devis doit être produit en deux originaux, dont un sur timbre : ce dernier

(1) Décrets des 10 brumaire an XIV et 17 juillet 1808.

est renvoyé au maire, et l'autre reste dans les bureaux de la préfecture ou de la sous-préfecture.

Un cahier des charges, également en double, doit aussi être produit. Ce cahier des charges, outre les conditions générales, l'indication des époques de réception et de paiement, etc., doit déterminer la nature et l'importance des garanties ou du *cautionnement* que les fournisseurs ou les entrepreneurs auront à produire pour sûreté de l'exécution de leurs engagemens. (1); et contenir la stipulation que les ouvrages exécutés en dehors des autorisations régulières demeureront à la charge personnelle des entrepreneurs, sans répétition contre la commune (2), et que l'adjudication ne sera définitive, à l'égard de la commune, qu'après l'approbation du préfet (3).

L'avis de l'adjudication à passer est publié, sauf le cas d'urgence, un mois à l'avance, par la voie des affiches et par tous les moyens ordinaires de publicité. Il fait connaître : 1° le lieu où l'on pourra prendre connaissance du cahier des charges; 2° les autorités chargées de procéder à l'adjudication; 3° le lieu, le jour et l'heure fixés pour cette opération (4).

C'est le maire qui procède à l'adjudication (5), en présence de deux membres du conseil municipal, du receveur municipal (6), et, autant que possible, d'un agent-voyer. L'adjudication peut avoir lieu au chef-lieu d'arrondissement, ainsi que l'ont prescrit plusieurs des réglements préfectoraux; mais la disposition formelle de l'art. 10 de la loi du 18 juillet 1837 ne permet pas que le maire soit remplacé, dans ce cas, par le sous-préfet (7).

Le procès-verbal d'adjudication (*V.* modèle n° 26) doit être soumis en minute, et avant d'être présenté à l'enregistrement, à

(1) Art. 4, § 1er de l'ordonnance royale du 14 novembre 1837.
(2) § 2 du même article de la même ordonnance.
(3) Art. 10 de ladite ordonnance.
(4) Art. 6 *idem*
(5) Art. 10 de la loi du 18 juillet 1837.
(6) Art. 16 de la même loi.
(7) Circulaire du ministre de l'intérieur du 31 mai 1838.

l'approbation du préfet. Une copie sur papier libre de ce procès-verbal est fournie ordinairement pour rester dans les bureaux de la préfecture.

De même, le procès-verbal de réception doit être soumis en double, avant le paiement, à l'approbation du préfet. Le maire procède à cette réception, assisté d'un agent-voyer ou de toute autre personne de l'art; l'entrepreneur, dûment appelé, est invité à signer le procès-verbal.

SECTION III.

Des extractions de matériaux et des occupations temporaires de terrains.

Pour construire ou réparer les chemins vicinaux, pour employer les prestations en nature, des extractions de matériaux, et quelquefois, des dépôts ou des enlèvements de terre, des occupations temporaires de terrains sont d'une absolue nécessité. Aussi, l'art. 10 de la loi du 28 juillet 1824, et ensuite l'art. 17 de loi du 21 mai 1836 ont-ils donné à l'administration le pouvoir d'ordonner ces extractions, ces dépôts ou ces occupations temporaires, dans le cas où les propriétaires des terrains n'y consentent pas ou ne veulent pas fixer à l'amiable les indemnités.

Lors donc qu'une commune ne possède pas de carrière, que la carrière communale est épuisée, ou que toute autre circonstance rend indispensable une occupation temporaire de terrains appartenant à des particuliers, si le maire n'a pu s'entendre avec ces particuliers, il en donne avis au préfet, par l'intermédiaire du sous-préfet, et lui désigne les propriétés à occuper, ainsi que les noms, la profession et le domicile des propriétaires ou des possesseurs.

Nous pensons que la demande du maire seul suffit, sous l'empire de la législation actuelle, et qu'on ne doit pas exiger la délibération du conseil municipal, dont parle l'art. 10 de la loi du 28 juillet 1824, laquelle paraît n'avoir été prescrite que pour les acquisitions, les aliénations et les travaux d'ouverture ou d'élargissement des chemins vicinaux, puisque les mots « et l'extraction des matériaux nécessaires à leur établissement » n'ont été introduits dans l'article que par amendement. Néanmoins, il est peut-être prudent de ne pas faire usage des pouvoirs conférés par l'art. 17 de la loi de 1836 avant d'en avoir fait délibérer le conseil municipal.

Le maire doit justifier de ressources destinées à acquitter l'indemnité qui pourra être due.

Le préfet peut, alors, autoriser les extractions de matériaux, les dépôts ou les enlèvements de terre, ou les occupations temporaires de terrains; son arrêté doit désigner les lieux (1). (*V.* modèle n° 27.)

Cet arrêté est notifié aux parties intéressées, au moins dix jours avant que son exécution puisse être commencée; l'agent chargé de la notification tire un reçu ou dresse procès-verbal (2).

L'indemnité doit-elle être payée préalablement? Malgré l'opinion contraire de MM. Garnier et Victor Dumay, nous croyons que les propriétaires ou les possesseurs de terrains occupés temporairement ne peuvent exiger le paiement préalable de l'indemnité, par la raison bien simple que, dans la majorité des cas, il est impossible de la fixer avant l'achèvement des travaux. C'est ainsi que l'ont décidé plusieurs réglements préfectoraux, et que le laisse supposer l'instruction ministérielle du 24 juin 1836, en prescrivant une première reconnaissance des terrains, afin d'arriver à une équitable fixation de l'indemnité *lorsque les travaux seront terminés* (3).

Une reconnaissance par les experts doit donc avoir lieu avant l'occupation des terrains. Pour y parvenir, il est rationnel que l'arrêté d'autorisation fixe un délai pendant lequel la partie intéressée devra nommer son expert et faire connaître son choix à l'administration. Ce délai passé, le sous-préfet, après avoir nommé l'expert de la commune et fait constater, s'il y a lieu, le refus ou la négligence du propriétaire ou du possesseur, nomme

(1) Art 17 de la loi du 21 mai 1836, § 1er.
(2) Instruction du 24 juin 1836, page 101.
(3) Page 102.

le second expert (1). S'il arrivait que les deux experts ne fussent pas d'accord, il en serait référé au préfet, qui provoquerait la nomination du tiers-expert par le conseil de préfecture (2).

Après l'achèvement des travaux, le procès-verbal d'expertise est soumis au conseil de préfecture, qui règle l'indemnité (3).

Les extractions de matériaux dans les bois soumis au régime forestier sont réglées par les dispositions de l'art. 145 du code forestier et des art. 169, 170, 171, 172, 173 et 175 de l'ordonnance royale du 1er août 1827; voici ces dispositions :

« Art. 145 du code. — Il n'est point dérogé aux droits conférés à l'administration des ponts et chaussées d'indiquer les lieux où doivent être faites les extractions de matériaux pour les travaux publics; néanmoins, les entrepreneurs seront tenus envers l'état, les communes et établissements publics, comme envers les particuliers, de payer toutes les indemnités de droit, et d'observer toutes les formes prescrites par les réglements en cette matière.

» Art. 169 de l'ordonnance. — Dans les bois et forêts qui sont régis par l'administration forestière, l'extraction de productions quelconques du sol forestier ne pourra avoir lieu qu'en vertu d'une autorisation formelle délivrée par le directeur général des forêts, s'il s'agit des bois de l'état, et, s'il s'agit de ceux des communes et des établissements publics, par les maires ou administrateurs des communes ou établissements propriétaires, sauf l'approbation du directeur général des forêts, qui, dans tous les cas, réglera les conditions et le mode d'extraction.

Quant au prix, il sera fixé, pour les bois de l'état, par le directeur général des forêt; et pour les bois des communes et des établissements publics, par le préfet, sur les propositions des maires ou administrateurs.

(1) Application des dispositions de l'instruction du 24 juin, en ce qui concerne l'art. 14 de la loi. Ces dispositions ne sont elles-mêmes qu'une application de l'art. 17.

(2) Art. 17 de la loi du 21 mai, § 3.

(3) Même article, § 2.

» Art. 170. — Lorsque les extractions de matériaux auront pour objet des travaux publics, les ingénieurs des ponts et chaussées, avant de dresser le cahier des charges des travaux, désigneront à l'agent forestier supérieur de l'arrondissement les lieux où ces extractions devront être faites. — Les agents forestiers, de concert avec les ingénieurs ou conducteurs des ponts et chaussées, procéderont à la reconnaissance des lieux, détermineront les limites du terrain où l'extraction pourra être effectuée, le nombre, l'espèce et les dimensions des arbres dont elle pourra nécessiter l'abattage, et désigneront les chemins à suivre pour le transport des matériaux. En cas de contestation sur ces divers objets, il sera statué par le préfet.

» Art. 171. — Les diverses clauses et conditions qui devront, en conséquence des dispositions de l'article précédent, être imposées aux entrepreneurs, tant pour le mode d'extraction que pour le rétablissement des lieux en bon état, seront rédigées par les agents forestiers, et remis par eux au préfet, qui les fera insérer au cahier des charges des travaux.

» Art. 172. — L'évaluation des indemnités dues à raison de l'occupation ou de la fouille des terrains, et des dégâts causés par l'extraction, sera faite conformément aux art. 55 et 56 de la loi du 16 septembre 1807. — L'agent forestier supérieur de l'arrondissement remplira les fonctions d'expert dans l'intérêt de l'Etat; et les experts dans l'intérêt des communes ou des établissements publics seront nommés par les maires ou les administrateurs.

» Art. 173. — Les agents forestiers et les ingénieurs et conducteurs des ponts et chaussées sont expressément chargés de veiller à ce que les entrepreneurs n'emploient pas les matériaux provenant des extractions à d'autres travaux que ceux pour lesquels elles auront été autorisées. — Les agents forestiers exerceront contre les contrevenants toutes poursuites de droit.

» Art. 175. — Les réclamations qui pourront s'élever relativement à l'exécution des travaux d'extraction et à l'évaluation des indemnités, seront soumises aux conseils de préfecture, conformément à l'art. 4 de la loi du 17 février 1800 (28 pluviôse an VIII). »

L'action en indemnité des propriétaires, pour extraction de matériaux, est prescrite par le laps de deux ans (1).

SECTION IV.

De l'exécution des travaux d'office.

Dans le cas où les ressources votées ou assurées d'office n'ont pas été employées dans les délais prescrits, le préfet peut faire exécuter les travaux (2). Quant aux prestations en nature, il ne doit pas attendre la fin de l'année ou de l'exercice, mais il doit les faire employer d'office aussitôt l'expiration du délai fixé par le réglement (3).

A cet effet, il met, par un arrêté (*V.* modèle n° 28), le maire en demeure de faire exécuter, dans un dernier délai, les travaux pour lesquels il a été imposé soit des centimes, soit des prestations (4). Le délai expiré sans que les travaux aient été effectués, le préfet, usant des pouvoirs qui lui sont conférés tant par l'art. 5 de la loi de 1836 que par l'art. 15 de la loi du 18 juillet 1837, en ordonne l'exécution sous la direction d'un délégué spécial. (*V.* modèle n° 29.) Ce délégué adresse les réquisitions nécessaires aux prestataires, et fait connaître, au receveur municipal, les prestations qui deviennent exigibles en argent, le tout suivant le mode indiqué à la section 1re du présent chapitre.

SECTION V.

Des travaux sur les chemins vicinaux intéressant plusieurs communes.

Un chemin vicinal situé sur plusieurs communes peut ne pas intéresser chacune de ces communes en proportion de la partie

(1) Art. 18 de la loi du 21 mai 1836.
(2) Art. 5 de la loi du 21 mai 1836.
(3) Circulaire ministérielle du 19 novembre 1838.
(4) Instruction du 24 juin, page 44.

de son territoire traversée par le chemin; il peut même arriver qu'un chemin n'intéresse nullement la commune dont le territoire est traversé, mais soit fort utile à une commune voisine. Dans ces divers cas, le préfet, si son intervention est provoquée (1), désigne, après avoir pris l'avis des conseils municipaux, les communes qui doivent concourir à la construction et à l'entretien du chemin dont il s'agit, et fixe la proportion dans laquelle chacune d'elles y contribuera (2). (*V.* modéle n° 30.)

La contribution doit être exprimée, non par un chiffre absolu en francs, mais par un chiffre proportionnel, comme 1/10e, 1/5e, etc. (3).

Il est utile de consulter préalablement un agent-voyer ou un homme de l'art.

Si les communes ne font pas exécuter la portion de travaux mise à leur charge, il y a lieu, alors, d'appliquer l'art. 5 de la loi du 21 mai. (*V.* section 10 du chapitre 2 et section 4 du présent chapitre).

(1) Instruction du 24 juin 1836, page 45.

(2) Art. 6 de la loi du 21 mai 1836.

(3) Instruction du 24 juin, page 46.

CHAPITRE IV.

Du paiement des dépenses et de la comptabilité.

Les rôles de prestation doivent figurer en recette et en dépense aux budgets des communes, et le compte d'emploi doit en être rendu comme pour les autres recettes communales (1). Après l'exécution des travaux, l'extrait de rôle dont nous avons déjà parlé, émargé et visé par le maire, est remis par lui au receveur municipal, afin que ce comptable puisse également émarger sur le rôle les cotes acquittées en nature. Il totalise ces cotes et en inscrit le montant en un seul article sur son journal à souche; il ne détache pas le bulletin, mais il le biffe (2). Le receveur municipal est libéré des cotes acquittées en nature, par la production de l'extrait de rôle émargé par le surveillant des travaux (3).

Le comptable est également libéré du montant des dégrèvements légalement accordés, par la représentation des arrêtés du conseil de préfecture.

Quant aux cotes acquittées en numéraire, ainsi que toutes les autres ressources en argent, elles ne peuvent être employées qu'en vertu des autorisations ou des approbations que nous avons mentionnées à la section 2 du chapitre précédent (*V.* page 35). Le receveur municipal doit donc en exiger la justification, ou, au moins, si une dépense avait été faite sans autorisation préalable, ne payer qu'après qu'elle a été approuvée.

La tenue du carnet que nous avons proposé (page 35) vient compléter ce système de comptabilité.

(1) Instruction du 24 juin 1836, page 39.

(2) *Idem*, page 37.

(3) *Idem*, page 39.

CHAPITRE V.

De la police des chemins vicinaux.

SECTION Ire.

Des diverses mesures de conservation.

SUIVANT l'art. 21 de la loi du 21 mai 1836, le réglement que chaque préfet a été chargé de faire doit statuer sur tout ce qui est relatif aux alignements, aux autorisations de construire le long des chemins, à l'écoulement des eaux, aux plantations, à l'élagage, aux fossés, à leur curage, et à tous autres détails de surveillance et de conservation.

En vertu de cette disposition, le préfet, selon nous, pourrait obliger tous les propriétaires riverains de chemins vicinaux à demander alignement, avant de faire aucune construction ou plantation le long de ces chemins. Cependant, l'instruction ministérielle du 24 juin 1836 (1) porte que l'administration ne peut s'écarter des principes généraux, en ce qui concerne les alignements et les autorisations de construire. Or, de ces principes, que nous allons établir d'après les lois, il résulte que c'est aux maires qu'il appartient de prendre des arrêtés pour obliger les propriétaires riverains à demander alignement. Nous n'avons pas besoin de faire remarquer combien il serait avantageux, à cause de la négligence de beaucoup de fonctionnaires municipaux, qu'une autre décision fût intervenue sur cette question.

Par les lois du 14 décembre 1789, art. 50; du 24 août 1790, titre 2, art. 3, et du 28 pluviôse an VIII; l'arrêté du 2 pluviôse an IX, et la loi du 18 juillet 1837, art. 10, les maires sont chargés

(1) Page 105.

de la voirie municipale et rurale, ce qui comprend la sûreté, la commodité, la salubrité, la propreté dans les voies publiques.

La loi du 22 juillet 1791, art. 29, a confirmé provisoirement les réglements subsistants touchant la voirie. Ces réglements consistent notamment dans un édit du mois de décembre 1607 et une déclaration du roi du 16 juin 1693; mais, ainsi que l'art. 52 de la loi du 16 septembre 1807, qui a attribué aux maires les alignements, dans les villes, des rues qui ne font point partie d'une grande route, *ils ne concernent que les rues des villes;* et, bien que deux décisions du conseil d'état, du 3 juin et du 18 novembre 1818, aient étendu les dispositions de l'ordonnance de 1607 et de l'édit de 1693, aux chemins vicinaux, et aux rues et aux places des villages ou des bourgs, il n'existe aucune disposition législative ou réglementaire qui assujettissse positivement les riverains de ces chemins, de ces rues ou de ces places, à se munir d'un alignement avant d'y faire des constructions.

Mais, l'art. 46 de la loi du 22 juillet 1791, et l'art. 11 de la loi du 18 juillet 1837 donnant aux maires le droit de prendre des arrêtés et d'ordonner les précautions locales sur les objets confiés à leur vigilance et à leur autorité, ces fonctionnaires peuvent défendre aux propriétaires de construire le long des chemins vicinaux sans avoir demandé alignement. L'instruction du 24 juin 1836 (1) a prescrit, en effet, aux préfets, d'inviter les maires à prendre cette mesure. (*V.* modèle n° 31.)

Ainsi, quant aux *alignements*, c'est l'arrêté pris par le maire qui doit servir de règle.

Ce qui concerne *l'écoulement des eaux* peut être réglé par le préfet, en vertu de l'art. 21 de la loi de 1836. L'instruction du 24 juin rappelle que le code civil contient à cet égard des principes dont il n'est pas permis de s'écarter. La disposition suivante du réglement de M. le préfet de la Seine (art. 119), n'est pas contraire à ces principes :

« Il est interdit de faire écouler sur les chemins vicinaux les » eaux ménagères, ou provenant d'établissements industriels,

(1) Page 111.

» sauf les exceptions qui pourraient être autorisées par nous. —
» En cas d'infraction à cette disposition, le maire, après une
» simple mise en demeure, notifiée administrativement au proprié-
» taire, fera faire d'office, s'il y a lieu, aux frais de qui il appar-
» tiendra, les travaux nécessaires pour rejeter les eaux sur les
» propriétés d'où elles proviendraient, sans préjudice de toutes
» autres actions contre les contrevenants. »

Les distances à observer pour les *plantations* d'arbres ou de haies doivent être fixées par le réglement du préfet. M. le ministre de l'intérieur, dans son instruction du 24 juin (1), a engagé MM. les préfets à se renfermer dans les limites fixées par l'art 671 du code civil. Le réglement ne peut avoir d'effet sur les plantations existant lors de sa publication (2); car, en l'absence de règles positives, elles auraient pu être faites de bonne foi. Toutefois, les plantations faites sur le sol même des chemins vicinaux, par suite d'une mauvaise interprétation des lois du 28 août 1792 et du 9 ventôse an XIII, devraient être considérées comme des anticipations, ou, au moins, si elles étaient anciennes, donner lieu à l'application de l'art. 555 du code civil (3).

C'est au préfet de fixer les époques auxquelles les maires doivent ordonner l'*élagage* des arbres et des haies, et le recépage des racines. (4).

Quant aux *fossés* et à leur *curage*, ils font partie de l'établissement des chemins, et ce qui les concerne, à l'égard des particuliers, est réglé par le droit commun.

Les articles suivants du code pénal complètent les mesures de police relatives aux chemins vicinaux :

« Art. 471. Seront punis d'amende, depuis un franc jusqu'à cinq
» francs inclusivement, ... 4° Ceux qui auront embarrassé la
» voie publique, en y déposant ou y laissant, sans nécessité, des
» matériaux ou choses quelconques qui empêchent ou diminuent

(1) Page 114.

(2) Même instruction, page 115.

(3) Circulaire du 10 octobre 1839 (*intérieur*).

(4) Instruction du 24 juin, page 115.

» la liberté ou la sûreté du passage; . . . . . 5° Ceux qui auront » négligé ou refusé d'exécuter les réglements ou arrêtés concernant » la petite voirie; . . . . . 15° Ceux qui auront contrevenu aux » réglements légalement faits par l'autorité administrative, et » ceux qui ne se seront pas conformés aux réglements ou arrêtés » publiés par l'autorité municipale, en vertu des art. 3 et 4, titre » 11 de la loi du 16-24 août 1790, et de l'art. 46, titre 1er de la » loi du 19-22 juillet 1791.

» Art. 479. Seront punis d'une amende de onze à quinze francs » inclusivement; . . . . . 4° Ceux qui auront causé les mêmes » accidents (mort ou blessure d'animaux ou bestiaux appartenant » à autrui) par la vétusté, la dégradation, le défaut de réparation » ou d'entretien des maisons ou édifices, ou par l'encombrement » ou l'excavation, ou telles autres œuvres, dans ou près les rues, » chemins, places ou voies publiques, sans les précautions ou » signaux ordonnés ou d'usage; . . . . . 11° Ceux qui auront dé- » gradé ou détérioré, de quelque manière que ce soit, les chemins » publics, ou usurpé sur leur largeur; . . . . . 12° Ceux qui, sans » y être dûment autorisés, auront enlevé des chemins publics les » gazons, terres ou pierres, ou qui, dans les lieux appartenant » aux communes, auront enlevé les terres ou matériaux, à moins » qu'il n'existe un usage général qui l'autorise. »

Enfin, la loi du 9 ventôse an XIII, après avoir chargé (art. 6) l'administration de faire rechercher les anciennes limites des chemins vicinaux, et de fixer leur largeur, porte :

« Art. 7. A l'avenir, nul ne pourra planter sur le bord des che- » mins vicinaux, même dans sa propriété, sans leur conserver la » largeur qui leur aura été fixée en exécution de l'article précédent.

» Art 8. Les poursuites en contravention aux dispositions de la » présente loi, seront portées devant les conseils de préfecture, » sauf le recours au conseil d'état. »

Rappelons ici que les rues ne font point partie des chemins vicinaux (1), et que, par conséquent, la loi du 9 ventôse an XIII

(1) *V.* page 5.

ne leur est point applicable, non plus que les dispositions réglementaires arrêtées par les préfets en vertu de l'article 21 de la loi du 21 mai 1836.

SECTION II.

Des contraventions et de leur répression.

Les maires, les adjoints, les gardes champêtres (1) et les agents-voyers (2) sont chargés de constater les contraventions aux lois et aux réglements sur les chemins vicinaux.

Deux espèces de contraventions peuvent être commises : 1° des usurpations ; 2° toutes autres contraventions.

Les usurpations, les envahissements, les plantations d'arbres, etc., tendant à changer la largeur ou la direction des chemins vicinaux sont des contraventions à la loi du 9 ventôse an XIII et à l'art. 479, n° 11, du code pénal. Le maire doit faire dénoncer au délinquant le procès-verbal constatant une contravention de cette espèce ; et si, dans la huitaine, à compter du jour de la dénonciation, le chemin n'a pas été remis dans son état primitif, transmettre ce procès-verbal au préfet, par la voie de la sous-préfecture, avec copie de l'acte de dénonciation, pour qu'une décision du conseil de préfecture soit provoquée par le préfet (3). Après la décision du conseil de préfecture, le préfet envoie le procès-verbal au fonctionnaire chargé du ministère public près du tribunal de simple police, afin d'obtenir la condamnation à l'amende portée par le code pénal (4). De cette manière, la contravention est déférée au conseil de préfecture comme chargé de faire cesser l'usurpation, et ensuite au tribunal de police comme devant la punir (5).

(1) Art. 9 et suivants du code d'instruction criminelle.

(2) Art. 11 de la loi du 21 mai 1836.

(3) Instruction ministérielle du 7 prairial an XIII.

(4) Circulaire ministérielle du 11 mai 1839.

(5) Ordonnance royale, en conseil d'état, du 23 juillet 1838, transmise avec la même circulaire du 11 mai 1839.

Quant à toutes les autres contraventions concernant les chemins vicinaux, elles sont de la compétence exclusive des tribunaux de simple police (1).

(1) Art. 137 et suivants du code d'instruction criminelle.

DEUXIÈME PARTIE.

DES CHEMINS VICINAUX

DE GRANDE COMMUNICATION.

CHAPITRE Ier.

De l'établissement et du déclassement des chemins vicinaux de grande communication, abstraction faite des travaux.

SECTION Ire.

Du classement, de la fixation de la direction, et de la désignation des communes pour contribuer aux dépenses.

Les chemins vicinaux peuvent, selon leur importance, être déclarés chemins vicinaux de grande communication par le conseil général, sur l'avis des conseils municipaux, des conseils d'arrondissement, et sur la proposition du préfet. Sur les mêmes avis et proposition, le conseil général détermine la direction de chaque chemin vicinal de grande communication, et désigne les communes qui doivent contribuer à sa construction ou à son entretien (1).

Nous ne pouvons nous empêcher de manifester ici le regret qu'on n'ait pas adopté une dénomination plus brève que celle de *chemins vicinaux de grande communication*, car elle présente le grave inconvénient de n'être pas toujours suivie dans la pratique.

(1) Art. 7 de la loi du 21 mai 1836.

On a cherché, partout, dans l'expédition des affaires, à raccourcir cette expression : on dit tantôt, *ligne vicinale*, ce qui représente une idée trop abstraite ; tantôt, *chemin de grande communication*, en retranchant l'adjectif *vicinal* pourtant si utile. On a reconnu aussi la nécessité de distinguer bien nettement les chemins vicinaux, des chemins vicinaux de grande communication, et d'avoir un titre qui convînt à ces deux espèces de chemins en général ; et, malgré les premières instructions ministérielles, des circulaires émanées même de l'administration supérieure ont nommé *chemins vicinaux de petite communication* les simples chemins vicinaux. Nous pensons que l'expression : ROUTES VICINALES (1) employée plusieurs fois par la plupart des orateurs qui ont discuté la loi du 21 mai à la chambre des députés et à la chambre des pairs, convenait parfaitement pour qualifier les chemins vicinaux de grande communication, tandis que le nom de CHEMINS VICINAUX serait resté à ceux qu'on désigne maintenant ainsi, et que pour indiquer collectivement les deux espèces de chemins on aurait dit : la VICINALITÉ, la VOIRIE VICINALE, ou les VOIES VICINALES.

Avant de faire sa proposition de classement et même de prendre l'avis des conseils municipaux et des conseils d'arrondissement, le préfet doit faire étudier, sous le rapport de l'utilité et de la dépense, les chemins susceptibles d'être classés comme chemins vicinaux de grande communication. Les opérations du classement se composent donc de l'étude, de l'avis des conseils municipaux et des conseils d'arrondissement, de la proposition du préfet, et de la décision du conseil général.

§ 1er — *De l'étude.*

Lorsque le préfet juge utile de mettre à l'étude un projet de chemin vicinal de grande communication, il fait visiter les lieux par les agents chargés, dans son département, du service matériel

(1) Le mot *route* se dit ordinairement des chemins d'une grande étendue — Suivi de l'adjectif *vicinal* il rend absolument la même idée que l'expression longue, mais juste, de *chemins vicinaux de grande communication*. *Routes cantonnales*, *routes d'arrondissement* sont loin de convenir aussi bien.

de la vicinalité. Nous supposerons que ce sont des agents-voyers.

L'agent-voyer qui procède à ce travail dresse un plan topographique des lieux, sur l'échelle la plus grande possible. Il y indique, par une couleur particulière, le chemin qu'il s'agit de déclarer de grande communication; mais il y trace aussi toutes les voies parallèles, perpendiculaires ou obliques, jusqu'à une certaine distance, afin que le conseil d'arrondissement, le préfet et le conseil général puissent juger s'il n'y aurait pas lieu de préférer l'une d'elles à la ligne proposée, ou si les communes qui doivent concourir aux dépenses pourront facilement arriver au chemin à classer. Aussi, les communes éloignées de ce chemin, susceptibles d'être appelées à contribuer doivent-elles figurer au plan, comme les communes traversées; un plan qui ne ferait pas connaître la position d'une commune indiquée comme devant concourir serait tout-à-fait incomplet. L'agent-voyer doit aussi avoir soin de marquer les accidents de terrain, les montagnes, les forêts, les marais, les rivières, les canaux, les ponts, les bacs, situés sur la ligne en projet ou placés entre cette ligne et les communes présumées intéressées. Il désigne, d'une manière apparente, les endroits où il ne suit pas, pour la ligne, un chemin tracé, c'est-à-dire, quand il propose une rectification. Il est inutile d'ajouter que la proportion de l'échelle suivie, et la position des points cardinaux doivent se trouver sur le plan.

Le plan n'est qu'une pièce à l'appui du rapport que l'agent-voyer doit rédiger, et dans lequel il doit consigner les observations faites par lui sur les lieux. Homme de l'art, étranger aux influences locales, son rapport est d'un grand poids. Il doit donc avoir soin d'y comprendre tous les renseignements capables d'éclairer le préfet et les assemblées délibérantes qui auront à juger la question dont ce rapport est l'objet.

Voici les principaux points que doit traiter le rapport :

L'agent-voyer indique les raisons qui peuvent faire classer ou non la ligne vicinale; l'utilité qu'elle lui semble avoir, soit pour les communes traversées ou voisines, soit pour le canton, l'arrondissement ou le département. Il fait connaître les diverses directions entre lesquelles on a à choisir; il en désigne les points marquants et les inconvénients ou les avantages de chacune; il mesure la longueur du parcours, ainsi que la longueur des parties qui se trouveraient construites ou en suffisant état de viabilité. Il estime ensuite, pour chaque direction étudiée, le coût du mètre courant de chemin à construire, en y comprenant l'indemnité présumée des terrains à acquérir. D'après ces données, il évalue la dépense totale qu'occasionnerait l'établissement de la ligne proposée. Il est indispensable qu'il estime aussi les frais d'entretien du chemin, supposé construit. De la comparaison qu'il établit entre les différentes directions, sous le rapport, soit de la longueur du parcours, soit de la dépense, soit de l'utilité, il fait résulter son avis en faveur de l'une ou de l'autre direction.

L'indication des communes à désigner pour concourir aux dépenses exige un soin tout particulier. Sans doute il ne faut pas pousser trop loin le système de contribution; mais il est rare que les communes traversées soient les seules qu'on puisse appeler à concourir, car s'il en était ainsi, ce serait un indice que la communication ne serait pas d'une utilité bien étendue (1). Lorsque des villes ou des villages non traversés sont désignés, on doit préciser leur distance de la ligne; à plus forte raison devrait-on le faire, si le territoire même n'était pas traversé. Dans ces deux cas, on fait connaître s'il existe des chemins pour communiquer des villes ou des villages à la ligne, si ces chemins sont ou peuvent être mis à peu de frais en bon état, s'il serait facile d'en établir, s'il n'existe pas quelque obstacle aux communications, comme une rivière sans pont, une montagne inaccessible, un bois sans chemin, etc.

Ajoutons, en terminant ce paragraphe, qu'il est nécessaire que tous les renseignements contenus dans le rapport soient de la plus grande exactitude, afin que le conseil général, le conseil d'arrondissement et le préfet ne soient pas exposés à tomber dans l'erreur et à prendre une décision injuste; qu'il est nécessaire aussi que les énonciations soient claires, précises, bien détaillées, de manière que les personnes étrangères aux localités puissent

(1) Instruction du 24 juin 1836, page 55.

néanmoins les comprendre parfaitement par la lecture du rapport et par l'inspection du plan.

L'agent-voyer doit terminer son travail quelques mois avant l'ouverture de la session des conseils d'arrondissement, afin qu'on puisse, d'abord, consulter les conseils municipaux.

§ 2. — *De l'avis des conseils municipaux et des conseils d'arrondissement.*

L'étude faite, tous les renseignements recueillis, le préfet est en mesure de consulter les conseils municipaux et les conseils d'arrondissement. Mais il peut auparavant fixer la dénomination (1) et la direction qui lui paraissent les plus convenables : cette fixation, si les lumières qu'il a acquises sur la question sont suffisantes, a l'avantage de rendre bien plus simples les délibérations des conseils, puisqu'alors ceux-ci n'ont plus qu'à repondre par une acceptation ou une répudiation, sauf, bien entendu, à faire des observations et des réclamations, s'il y a lieu.

Les conseils municipaux doivent être consultés en premier lieu, car leurs délibérations serviront nécessairement à éclairer le conseil d'arrondissement. Il est impossible d'envoyer à chaque commune le plan et le rapport de l'agent-voyer; mais, en demandant l'avis des conseils municipaux, le préfet doit avoir soin de leur désigner avec détail la direction ou les directions qu'il propose, et de leur faire connaître le chiffre présumé de la dépense totale de la ligne dont il s'agit. Il les invite à se prononcer sur l'utilité du *classement* de cette ligne, sur sa *direction*, et sur la *désignation* de leurs communes pour concourir aux dépenses; et il les engage à faire et à provoquer des offres pour hâter l'établissement de la ligne en projet.

(1) On a quelquefois adopté des dénominations trop vagues ou trop longues : on a dit *ligne ou route de telle route à telle route*, ce qui est trop vague, ou bien *de telle route (près tel endroit) à telle route (près tel autre endroit)*, ce qui est trop long. Nous pensons qu'on doit désigner une ligne par les villes ou les villages qui sont le plus près de ses deux extrémités; il ne faut pas prétendre faire toujours voir l'utilité de la ligne par son nom seul : c'est le rôle de la désignation de la direction, ou de la carte.

A ses lettres de demande d'avis, il est utile que le préfet joigne des formules de délibérations en blanc (*V.* modèle n° 32), pour que les réponses des conseils municipaux soient plus précises, et pour que l'examen en soit plus facile.

Les délibérations des conseils municipaux sont soumises au conseil d'arrondissement, avec le plan, le rapport et toutes autres pièces. Si la ligne proposée traverse plusieurs arrondissements, le conseil de chacun d'eux doit être consulté, mais les pièces (excepté les délibérations des communes appartenant à chaque arrondissement), peuvent, selon nous, n'être communiquées qu'au conseil de l'arrondissement dans lequel la ligne a son parcours principal.

Dans son rapport, le sous-préfet doit avoir soin de se servir des dénominations adoptées par le préfet, et de signaler au conseil d'arrondissement tous les points sur lesquels celui-ci a à donner son avis, tels que *classement, direction, désignation de communes*. Le conseil, alors, est en demeure d'exprimer cet avis, et s'il ne le fait pas, ou s'il ne le fait qu'incomplètement, le conseil général n'en peut pas moins prendre une décision définitive.

§ 3. — *De la proposition du préfet.*

Comme l'avis des conseils municipaux et des conseils d'arrondissement, la proposition préalable du préfet, sur le *classement*, la *direction*, et la *désignation des communes*, est une condition indispensable du classement : la loi du 21 mai 1836 l'exige (1); les instructions ministérielles l'ont répété (2), et la discussion de la loi aux chambres en a fait sentir la nécessité (3).

Nous n'avons pas besoin d'ajouter que cette proposition peut se faire, soit dans le rapport du préfet, soit dans le cours de la délibération même du conseil général (4).

(1) Art. 7, § 1er et 2.

(2) Instruction du 24 juin 1836, page 50; instruction du 18 février 1839, page 6.

(3) *V.* notamment le discours de M. le président du conseil, à la chambre des députés, dans la séance du 29 février 1836. (*Moniteur, page* 374).

(4) Instruction du 18 février 1839, page 7.

§ 4. — *De la décision du conseil général.*

Entouré de tous les renseignements qui ont servi de base à la proposition du préfet, éclairé par la discussion, et par les connaissances locales de ses membres, le conseil général *décide* sur le *classement*, la *direction*, et la *désignation des communes* pour contribuer aux dépenses.

Il adopte ou rejette le classement.

Il ne pourrait changer la direction principale sur laquelle les conseils municipaux et d'arrondissement ont délibéré, et que le préfet a proposée, sans de nouveaux avis de ces conseils et une nouvelle proposition du préfet (1).

Il ne peut désigner d'autres communes que celles dont les conseils municipaux ont été consultés, sur la désignation desquelles le conseil d'arrondissement a été appelé à donner son avis, et que le préfet a proposé de désigner (2); ou, du moins, la désignation qu'il en ferait ne serait que provisoire, et aucun contingent ne pourrait en être exigé qu'après une désignation définitive précédée des avis et de la proposition nécessaires (3).

En déterminant la direction, le conseil général ne doit, ce nous semble, qu'indiquer les points principaux que la ligne vicinale traversera, afin de laisser à l'administration toute la latitude convenable pour fixer le tracé (4) selon la nature et les accidents du terrain, la facilité d'ouverture, les indemnités, etc. (5)

Les chemins vicinaux déclarés *de grande communication* ne perdent pas le caractère de *chemins vicinaux*; ils en conservent

(1) Instruction ministérielle du 18 février 1839, page 6.

(2) Même instruction, page 7.

(3) *V.* ci-après, section 2.

(4) On voit que nous faisons une distinction entre les mots *direction* et *tracé*. En effet, selon nous, le mot *tracé* signifie quelque chose de plus précis, de plus particulier que le mot *direction*, qui ne désigne que les points les plus remarquables traversés par une ligne. Au moyen de cette distinction, la limite des attributions respectives des conseils généraux et des préfets serait plus facile à saisir.

(5) *V.* à ce sujet l'instruction du 24 juin, page 49.

tous les priviléges : ils sont imprescriptibles (1); la répression des usurpations reste dévolue aux conseils de préfecture (2), et le sol de ces chemins continue d'appartenir aux communes, qui demeurent chargées de pourvoir à leur entretien, au moins en partie (3). Seulement : 1° ils sont placés sous l'autorité du préfet (4); 2° les rues qui sont la prolongation des chemins vicinaux de grande communication, dans la traverse des communes, doivent être considérées comme faisant partie intégrante de ces chemins (5).

SECTION II.

Des réclamations relatives au classement, à la direction, et à la désignation des communes.

§ 1er. — *Des demandes de déclassement.*

Certaines circonstances, très-rares sans doute, peuvent rendre nécessaire le déclassement d'un chemin vicinal de grande communication. Dans ce cas, on doit suivre les mêmes formes que celles dans lesquelles le classement a été prononcé ; c'est-à-dire, que l'avis des conseils municipaux et des conseils d'arrondissement, et la proposition du préfet doivent précéder la décision du conseil général.

On conçoit, néanmoins, que le déclassement exige des précautions plus minutieuses, s'il est possible, que le classement. Il peut y avoir des droits acquis, dont on doit tenir compte. Et puis, revenir sur une décision prise par des hommes réfléchis et consciencieux est un fait grave pour l'accomplissement duquel on ne peut s'entourer de trop de garanties.

Une visite des lieux, une enquête devront donc, le plus souvent, être ordonnées.

(1) Art. 10 de la loi du 21 mai.

(2) Art 8 de la loi du 7 ventôse an XIII.

(3) Instruction du 24 juin, page 48.

(4) Art. 9 de la loi du 21 mai 1836.

(5) Avis du conseil d'état du 25 janvier 1837, transmis avec la circulaire ministérielle du 19 août 1837.

Nous n'avons pas à indiquer les circonstances dans lesquelles un déclassement doit être prononcé; il est un cas, pourtant, où, selon nous, il doit toujours avoir lieu : c'est quand la plupart des communes désignées pour concourir aux dépenses d'un chemin vicinal de grande communication en signalent l'inutilité. Un chemin vicinal de grande communication est plutôt une faveur qu'une charge; il doit plutôt être accordé qu'imposé; et ce n'est que pour des motifs importants d'intérêt général que ce principe peut fléchir.

Le chemin vicinal de grande communication déclassé redevient ce qu'il était, simple chemin vicinal. Il peut être supprimé. (*V.* 1re partie, chapitre 1er, section 3.)

§ 2. — *Des réclamations contre la direction.*

Si des réclamations ont lieu contre la direction adoptée par le conseil général, le préfet doit, d'abord, chercher à connaître si elles ont quelque fondement. Il les communique aux agents-voyers, qui lui donnent leur avis à cet égard. Si cet avis ou les renseignements qu'il a pris sont favorables à la réclamation, et si elle porte bien sur la direction arrêtée par le conseil général, le préfet, avant de faire sa proposition à cette assemblée, communique la réclamation aux conseils d'arrondissement qu'elle concerne, et même aux conseils municipaux, surtout si lors du classement, ces derniers conseils n'ont pas donné leur avis sur la direction réclamée.

On remarquera que nous avons signalé comme une des conditions qui rendent la réclamation susceptible d'être communiquée aux conseils municipaux et d'arrondissement et d'être soumise au conseil du département, son but de faire changer *la direction arrêtée par le conseil général.* En effet, ainsi que nous l'avons déjà fait observer (1), le préfet, comme chargé de l'exécution (2), statue seul sur le tracé des parties situées entre les points indiqués par le conseil général.

(1) *V.* page 57 et note de la même page.

(2) Art. 9 de la loi du 21 mai 1836.

§ 3. — *Des réclamations sur la désignation des communes.*

Art. 1er. *Des réclamations contre la désignation prononcée.*

Les réclamations des communes contre la désignation qu'en a faite le conseil général pour concourir aux dépenses d'une ligne vicinale de grande communication, doivent, après avoir été communiquées aux agents-voyers, être soumises également aux conseils d'arrondissement ; mais nous pensons qu'il est inutile d'en faire délibérer les conseils municipaux des communes non réclamantes (1), puisqu'en effet l'avis des conseils municipaux est demandé, lors du classement, plutôt sur la désignation de leurs communes respectives, que sur la désignation de toutes les communes intéressées.

La proposition conforme du préfet est nécessaire, pour que le conseil général prononce la radiation d'une commune du nombre de celles qui ont été désignées pour contribuer aux dépenses.

Art. 2. — *Des désignations nouvelles.*

Il arrive quelquefois que le conseil général croit devoir désigner certaines communes non consultées qui n'ont pas été comprises dans la proposition du préfet : ainsi que nous l'avons déjà fait observer (page 57), cette désignation ne peut-être que *provisoire*, et ne devient définitive qu'après une nouvelle décision du conseil général, prise sur l'avis des conseils municipaux et des conseils d'arrondissement, et sur la proposition du préfet. Aussi ce magistrat doit-il, quand une désignation provisoire a été prononcée, demander les avis nécessaires, pour être en mesure de faire une proposition, s'il y a lieu, à la session subséquente du conseil général.

Il arrive aussi quelquefois que des communes non désignées définitivement ni provisoirement sont signalées comme ayant intérêt à l'établissement d'une ligne classée : leur désignation

(1) L'instruction ministérielle du 18 février 1839, page 7, semble dire le contraire.

régulière peut être prononcée dans les mêmes formes que pour les communes désignées provisoirement.

SECTION III.

De l'élargissement, de l'ouverture, du redressement et des changements partiels de direction.

§ 1er. — *De l'élargissement.*

Comme pour les chemins vicinaux ordinaires (1), l'arrêté du préfet portant fixation de la largeur d'un chemin vicinal de grande communication attribue définitivement à ce chemin le sol compris dans les limites déterminées (2). Mais on conçoit que cet arrêté n'a plus besoin d'être précédé de la proposition du conseil municipal.

Lorsqu'il n'a pas été pris d'arrêté spécial, le devis des travaux de construction de chaque chemin vicinal de grande communication en détermine la largeur. En approuvant ce devis et le plan y annexé, le préfet la fixe définitivement.

Les agents-voyers présentent ensuite un procès-verbal d'estimation des indemnités dues aux propriétaires riverains.

Ces indemnités peuvent être réglées à l'amiable (3). (*V.* modèle n° 33.)

A défaut de conventions amiables, les indemnités sont réglées par le juge de paix du canton, sur le rapport de deux experts nommés, l'un par le sous-préfet, l'autre par le propriétaire; en cas de discord, le tiers-expert est nommé par le conseil de préfecture. (4)

§ 2. — *De l'ouverture, du redressement et des changements partiels de direction.*

Nous avons énoncé dans la *première partie*, chap. 2, section 2 (5),

(1) *V.* page 6.
(2) Art. 15 de la loi du 21 mai 1836.
(3) *Idem.*
(4) Art. 15 et 17 de la même loi.
(5) Page 7.

les formalités qui doivent être remplies pour l'ouverture, le redressement ou les changements partiels de direction des chemins vicinaux : quand il s'agit de chemins vicinaux de grande communication, les formalités sont les mêmes, sauf quelques modifications que nous allons indiquer. Nous répèterons succinctement ce que nous avons dit sur cette matière à l'égard des chemins vicinaux.

L'ouverture ou le redressement doit être autorisé par arrête du préfet. (*V.* modèle n° 34.)

Le plan parcellaire des terrains à acquérir est déposé pendant huit jours, au moins, à la mairie de la commune où les biens sont situés; avertissement est donné aux parties intéressées, à son de caisse ou de trompe, par affiche et par insertion dans l'un des journaux des chefs-lieux d'arrondissement et de département. Le maire certifie ces publications et ces affiches; il ouvre un procès-verbal des déclarations et des réclamations qui lui sont faites, et le transmet au sous-préfet, avec les pièces y relatives.

Remarquons que le conseil municipal n'a plus, ici, à donner son avis, qui n'est demandé que pour les expropriations concernant les chemins vicinaux ordinaires. Mais d'autres formalités doivent être remplies (1).

A l'expiration du délai de huitaine fixé pour la publication du plan parcellaire, une commission se réunit au chef-lieu de la sous-préfecture. Cette commission, présidée par le sous-préfet de l'arrondissement, est composée de quatre membres du conseil général du département ou du conseil de l'arrondissement, désignés par le préfet (*V.* modèle n° 35), du maire de la commune où les propriétés sont situées, et de l'un des agents-voyers chargés de l'exécution des travaux. Les propriétaires qu'il s'agit d'exproprier ne peuvent être appelés à en faire partie (2). La commission reçoit les observations des propriétaires; elle les appelle toutes les fois qu'elle le juge convenable; elle reçoit leurs moyens respectifs, et donne son avis. Ses opérations doivent être terminées dans le délai d'un mois, après quoi le procès-verbal est adressé immé-

(1) *V.* Arrêts de la cour de cassation du 20 et du 21 août 1838.

(2) Art. 8 de la loi du 7 juillet 1833.

diatement par le sous-préfet au préfet. Dans le cas où ces opérations n'auraient pas été mises à fin dans le délai d'un mois, le sous-préfet devrait, dans les trois jours, transmettre au préfet son procès-verbal et les documents recueillis (1).

Le procès-verbal et les pièces transmis par le sous-préfet, restent déposés au secrétariat général de la préfecture pendant huitaine, à dater du jour de dépôt. Ils peuvent être donnés en communication aux parties intéressées, sans déplacement et sans frais (2).

Sur le vu du procès-verbal et des documents y annexés, le préfet détermine, par un arrêté motivé (*V.* modèle n° 36), les propriétés qui doivent être cédées, et indique l'époque à laquelle il sera nécessaire d'en prendre possession (3).

L'expropriation peut, alors, être consommée à l'amiable, ou par voie de justice.

Les agents-voyers dressent un procès-verbal d'estimation des terrains (*V.* modèle n° 37), sur lequel ils font apposer la signature des propriétaires qui consentent à la cession amiable. Le consentement de ces particuliers doit, ce nous semble, être accepté par le préfet, en vertu de l'art. 9 de la loi du 21 mai 1836, surtout dans le cas, si ordinaire, où, à cause de l'insuffisance des ressources de la commune sur le territoire de laquelle le chemin est situé, le prix d'acquisition est payé sur les contingents communaux dans les dépenses générales de ce chemin (4). Le contrat de vente amiable peut avoir lieu dans la forme des actes administratifs (*V.* modèle n° 38), et la minute en reste déposée au secrétariat de la préfecture (5); il est visé pour timbre et enregistré *gratis* (6).

Ce contrat doit être transcrit au bureau des hypothèques de l'arrondissement. A défaut d'inscription dans la quinzaine de la

(1) Art. 9 de la loi du 7 juillet 1833.
(2) Art. 10 *idem.*
(3) Art 11, *idem.*
(4) *V.* Instruction du 24 juin 1836, page 56.
(5) Art. 56 de la loi de 1833.
(6) Art. 58, *idem.*

transcription, l'immeuble exproprié est affranchi de tous priviléges et de toutes hypothèques. Lorsqu'il existe des inscriptions ou d'autres obstacles au versement du prix, la somme due est consignée.

Toutefois, lorsque le prix d'acquisition n'excède pas 100 fr., il peut être payé sans que les formalités de la purge des hypothèques et des priviléges aient été remplies.

A défaut de conventions amiables, l'arrêté qui autorise l'exécution des travaux et celui qui désigne les propriétés à céder sont transmis au procureur du roi, qui requiert, dans les trois jours, l'expropriation : le tribunal la prononce.

La transcription du jugement doit avoir lieu dans le même cas que pour les conventions amiables ; elle opère les mêmes effets.

Quant aux autres formalités, (*V.* page 11.)

CHAPITRE II.

Des ressources et de leur réalisation.

Les ressources applicables aux dépenses des chemins vicinaux de grande communication sont : 1° les contingents communaux (1); 2° la subvention départementale (2) ; 3° les offres ; 4° et les subventions particulières pour cause de dégradations extraordinaires (3).

Tel est l'ordre logique des ressources, puisque les chemins vicinaux de grande communication restent à la charge des communes, et que les fonds départementaux ne sont accordés qu'à titre de secours (4). Néanmois, nous allons parler d'abord de la subvention départementale, la réalisation en étant plus simple et plus facile que celle des autres ressources, et l'emploi pouvant, par suite, en être fait en premier lieu.

SECTION Ire.

De la subvention départementale.

Il est rare que la subvention départementale puisse être imputée sur les centimes facultatifs ordinaires des départements : le plus souvent, il est pourvu à cette subvention au moyen de centimes spéciaux votés annuellement par le conseil général (5), dans les limites du maximum déterminé chaque année par la loi des finances (6).

(1) Art. 1er et 8 de la loi du 21 mai 1836.
(2) Art. 8 de la même loi.
(3) Art. 14.
(4) *V.* pages 48 et 59 de l'instruction du 24 juin 1836.
(5) Art. 8, § 2, de la loi du 21 mai.
(6) Art. 12 de la même loi.

La répartition de la subvention départementale est faite par le préfet, qui doit avoir égard aux ressources, aux sacrifices et aux besoins des communes (1).

Les bases de la répartition sont donc *les ressources, les sacrifices et les besoins des communes*. Dans cette importante opération, il s'agit non seulement d'une appréciation tirée de chiffres; il s'agit encore d'une appréciation *morale* de la bonne volonté, du zèle et des efforts des communes (2).

Nous ne pouvons nous dissimuler, néanmoins, qu'une distribution non fondée sur des chiffres, mais surtout sur une appréciation *morale*, présente de graves inconvénients, et prête beaucoup à l'arbitraire. Sans doute, c'est toujours avec l'esprit d'équité le plus judicieux que MM. les préfets font la répartition des subventions départementales; mais il est à craindre que des renseignements faux ne leur soient transmis, et qu'on n'exagère à leurs oreilles la valeur morale des efforts ou les besoins des communes. Aussi pensons-nous que, hors le cas de pénurie bien constatée de la part d'une ou de plusieurs communes, ce qui est un cas d'exception (3), la répartition doit avoir lieu *en proportion des contingents communaux et des offres communales ou particulières*, puisque ces contingents et ces offres sont un indice certain des « *ressources et* » *des sacrifices des communes*. »

La proposition de la répartition entre naturellement dans les attributions de l'agent-voyer en chef.

(*V.* modèle d'arrêté n° 39.)

SECTION II.

Des contingents communaux.

§ 1er. — *De la fixation des contingents.*

Le préfet détermine annuellement la proposition dans laquelle

(1) Art. 8, § 3, de la loi du 21 mai.

(2) Instruction du 24 juin, page 62.

(3) Instruction du 24 juin, page 61.

chaque commune doit concourir à l'entretien de la ligne vicinale dont elle dépend (1).

La fixation de la proportion annuelle du concours des communes est peut-être l'opération la plus difficile, la plus délicate et la plus importante, quant aux conséquences, de toutes celles dont les préfets ont été chargés par la loi du 21 mai 1836. La loi et les instructions ministérielles, dans l'impossibilité d'adopter une règle fixe à cet égard, leur ont laissé la plus grande latitude, et toute la responsabilité retombe sur eux.

Cherchons, cependant, dans la loi et dans les instructions, des principes qui puissent au moins servir de base première, dans la fixation des contingents.

L'art. 7 de la loi du 21 mai 1836 porte, § 3 : « Le préfet ...... » détermine annuellement la proportion dans laquelle chaque » commune doit concourir à l'entretien de la ligne vicinale dont » elle dépend. »

Et l'art. 8, § 4 : « Les communes acquitteront la portion des » dépenses mises à leur charge au moyen de leurs revenus » ordinaires, et, en cas d'insuffisance, au moyen de deux journées » de prestations sur les trois journées autorisées par l'art. 2, et » des deux tiers des centimes votés par le conseil municipal en » vertu du même article. »

M. le ministre de l'intérieur a fait remarquer le rapport nécessaire qui existe entre ces deux articles 7 et 8. Dans son instruction du 24 juin 1836, page 57, il dit, à l'occasion de l'art. 7 : « ..... Vous statuerez ensuite d'après votre connaissance » de l'intérêt dont le chemin est pour la commune. Vous ne » perdrez pas de vue, d'ailleurs, les limites qui vous sont tracées » par le dernier paragraphe de l'art. 8. » Et page 63 (art. 8) : « Si le concours demandé à la commune ne devait pas absorber la » totalité de ces deux journées de prestations et des deux tiers du » nombre des centimes votés, il est évident que vous ne porteriez » pas vos demandes jusque-là ; mais en cas de nécessité vous » pouvez les porter jusqu'à ce maximum. » La circulaire du 24

(1) Art. 7, § 3, de la loi du 21 mai.

décembre 1836, porte : « On n'a pas généralement saisi la
» la corrélation de ces deux articles de la loi. » (7 et 8). Puis :
« L'étendue des besoins de chaque ligne ne sera que l'un des
» éléments de votre décision. Un autre élément plus nécessaire
» encore à consulter, c'est l'étendue des ressources dont vous
» pouvez disposer ...... De la part des communes, vous savez
» qu'à moins d'efforts extraordinaires, vous ne pouvez compter
» que sur ce que la loi vous permet d'exiger d'elles. »

La même circulaire ajoute, après avoir parlé des subventions départementales : « Vous comparerez alors le chiffre de vos
» ressources probables avec l'état des besoins que vous aura
» remis l'agent-voyer. Si les ressources sont inférieures aux
» besoins, ce sera pour vous la preuve de la nécessité de demander
» aux communes le maximum de leur contingent ; si, au contraire,
» les ressources probables dépassaient les besoins, ce serait une
» indication que vous pourriez demander aux communes moins
» que le maximum fixé par la loi. Vous rechercheriez alors si
» tous les contingents devraient être également réduits, ou bien
» s'il n'y aurait pas de communes auxquelles il serait juste de
» demander moins, parce qu'elles auraient un intérêt moins direct
» au bon état de la ligne vicinale. »

Il résulte de cette analyse une règle bien positive : c'est que, hors les cas exceptionnels que nous signalerons plus loin, le maximum des ressources exigibles (deux journées de prestations et deux tiers de cinq centimes additionnels), ne doit pas plus être dépassé lorsqu'on fixe le contingent que lorsqu'on en exige le paiement.

Cette règle est juste, pour deux motifs principaux :

Le premier, c'est que si l'on fixe les contingents des communes intéressées à une ligne vicinale, en ayant égard seulement à la différence d'intérêt de chacune d'elles, et que l'on excède, pour quelques unes, le maximum fixé par la loi, celles-ci, qui pourraient se trouver les plus intéressées, ne paieront, tout en fournissant la totalité de leurs ressources exigibles, qu'une somme peu supérieure, égale ou même inférieure aux contingents qu'acquitteront des communes moins intéressées ; de sorte que toute proportion sera rompue, et que la répartition sera, en définitive, erronée et inique. Le tableau suivant le démontre.

COMMUNES.	MONTANT des CONTINGENTS FIXÉS d'après l'intérêt des communes.	MONTANT des RESSOURCES EXIGIBLES en vertu de l'art. 8 de la loi du 21 mai 1836.	SOMMES QUE PAIERONT les communes.
A.	4,000 »	1,500 »	1,500 »
B.	3,000 »	1,500 »	1,500 »
C.	3,000 »	1,100 »	1,100 »
D.	2,000 »	2,500 »	2,000 »

Ainsi l'on voit que la commune D, par exemple, paiera plus que la commune A, dont le contingent, d'après la fixation basée sur l'intérêt, devait être double.

Le second motif, c'est que les prestations telles à peu près que la loi du 21 mai 1836 les a autorisées, et les centimes spéciaux, sont les données les plus certaines pour l'appréciation de l'intérêt des communes à l'établissement des chemins vicinaux de grande communication.

Cette dernière proposition exige quelques développements.

Tout le monde le reconnaît : c'est pour l'agriculture, l'industrie et le commerce que sont établis les chemins vicinaux de grande communication. Appliquant ce principe général aux divisions communales, nous dirons que c'est l'agriculture, l'industrie et le commerce d'une commune qui profitent de l'établissement des chemins vicinaux de grande communication par lesquels elle est traversée ou dont elle se trouve à proximité.

Mais l'agriculture, l'industrie et le commerce ne restent pas inertes ; dès qu'ils existent, leur action s'exerce continuellement sur tout ce qui peut leur servir ; si des chemins sont créés, ils s'en emparent, et en retirent dès lors tous les avantages qu'il leur est possible d'en recueillir. Leur cercle s'étend-il? Leur puissance augmente-t-elle, comme il arrive souvent par l'ouverture de débouchés nouveaux ? Les avantages qu'ils retirent des chemins augmentent dans la même proportion.

De ces considérations découle ce principe, que nous croyons incontestable : *Plus une commune a d'agriculture, d'industrie et de commerce, plus elle retire d'avantages du chemin vicinal de grande communication qui la traverse ou en approche, et plus, par conséquent, elle a d'intérêt à l'établissement de ce chemin.*

Comme l'agriculture, l'industrie et le commerce ne peuvent s'apprécier par eux-mêmes avec une exactitude rigoureuse, il faut, pour en connaître autant que possible l'importance, en rechercher les éléments.

Les communes les plus populeuses sont, en général, les plus commerçantes et celles dans lesquelles on se livre le plus à l'industrie; les professions variées qu'exercent leurs habitants obligent ceux-ci à se servir, directement ou indirectement, des voies de communication. D'où il résulte que *plus la population d'une commune est importante, plus elle a d'industrie et de commerce, et plus elle renferme d'individus intéressés à l'ouverture de voies de communication.*

L'agriculture d'une commune, d'abord, tire toute sa force de l'étendue et de la valeur du territoire; mais l'industrie et le commerce en sentent aussi l'influence; car les produits du sol, après avoir subi les transformations diverses qu'opère l'industrie, viennent encore, en définitive, se livrer au commerce, qui est fécondé par la richesse mobilière. *Plus*, donc, *une commune aura une valeur territoriale considérable, plus son agriculture sera importante et active, et plus les produits qui en résulteront, joints aux valeurs mobilières, viendront alimenter son industrie et son commerce.*

Ainsi, voici les deux éléments les plus certains, les plus palpables, de l'appréciation de l'agriculture, de l'industrie et du commerce d'une commune, et par suite de son intérêt à l'établissement des communications vicinales : *la population*, qui, aidée de tous les instruments inventés pour suppléer aux forces de l'homme, use et dégrade les chemins, qui, riche ou pauvre, mais agissant toujours, industrielle et commerçante, va chercher les matières premières, ou les reçoit pour les transformer, les consommer, ou les vendre; — et sont *la richesse immobilière et mobilière*, dans laquelle viennent se confondre l'agriculture, l'industrie et le commerce.

Or, ces deux éléments se trouvent admirablement représentés, savoir :

1°. La population, par la prestation en nature, qui, base éminemment juste, quant aux chemins, atteint les hommes, les travailleurs, et les principaux objets dont on se sert pour parcourir les chemins dans les travaux agricoles et industriels, tels que les chevaux, les voitures, etc.;

2°. La richesse immobilière et mobilière, par les centimes additionnels au principal des contributions directes, c'est-à-dire, de la contribution foncière, qui est toujours en rapport avec la valeur territoriale; de la contribution mobilière, seul impôt légal où il soit possible d'atteindre la richesse mobilière; de la contribution des patentes, taxe prélevée sur les bénéfices des commerçants et des industriels.

Il en résulte que *les prestations et les centimes spéciaux d'une commune représentent son agriculture, son industrie et son commerce.*

Donc, *les prestations et les centimes spéciaux sont les données les plus certaines pour l'appréciation de l'intérêt des communes à l'établissement des chemins vicinaux de grande communication.*

Résumons-nous :

C'est pour l'agriculture, l'industrie et le commerce que sont créés les chemins vicinaux de grande communication.

Plus une commune a d'agriculture, d'industrie et de commerce, plus elle retire d'avantages du chemin vicinal de grande communication qui la tarverse ou en approche, et plus, par conséquent, elle a d'intérêt à l'établissement de ce chemin.

Plus la population et la richesse immobilière et mobilière d'une commune sont importantes, plus elle a d'agriculture, d'industrie et de commerce.

Les prestations et les centimes spéciaux d'une commune représentent son agriculture, son industrie et son commerce.

Donc, plus les prestations et les centimes spéciaux d'une commune (en supposant un nombre égal de journées de prestations et de centimes dans toutes les communes) sont considérables quant à leur valeur ou à leur produit, plus cette commune a d'intérêt à l'établissement de la ligne vicinale qui la traverse, y aboutit ou en approche.

Puisque le contingent de chaque commune doit toujours être en proportion de son intérêt, la conséquence rigoureuse des propositions qui précèdent c'est que : *quelle que soit l'importance des communes, celles qui sont placées dans les* MÊMES CIRCONSTANCES *à l'égard d'une ligne vicinale (proximité, facilité de l'usage, etc.), doivent payer, pour contingent, la valeur ou le produit du* MÊME *nombre de journées de prestations et de centimes.*

Ainsi, toutes les communes dans l'intérieur desquelles passera le chemin, pour lesquelles ce chemin aura remplacé une rue ou un chemin vicinal en mauvais état, desquelles il devra augmenter considérablement le commerce, pour lesquelles, enfin, il sera d'un intérêt majeur, paieront la totalité de la valeur de leurs ressources exigibles en prestations et en centimes ;

Toutes les communes qui seront éloignées du chemin de quelques kilomètres, pour lesquelles il sera d'un intérêt moins grand, ne paieront que les trois quarts ou les deux tiers de deux journées de prestations et de trois centimes un tiers ;

Toutes les communes qui seront à une plus grande distance, mais égale à peu près ; que des obstacles empêcheront, au même degré, de se servir du chemin, ne paieront que moitié, qu'un tiers, qu'un sixième, etc., selon les circonstances, de leur maximum en prestations et en centimes spéciaux.

Ces règles, on le dira sans doute, présentent encore quelque arbitraire ; mais on sera forcé de reconnaître que cet arbitraire, que ce cercle dans lequel le répartiteur peut se mouvoir, est très-borné, et que, quelle que soit la latitude dont il peut user, le répartiteur est nécessairement soumis à des principes que l'injustice ou l'erreur ne fera jamais fléchir d'une manière bien sensible.

Trois autres objections pourront aussi être faites :

1°. Certaines communes peu importantes sous le rapport de la population et de la richesse territoriale et mobilière, se trouvent quelquefois avoir un intérêt immense à l'établissement d'une nouvelle ligne vicinale : c'est ce qui arrive, par exemple, lorsque jusqu'à la création de cette ligne, elles ont été privées de toute espèce de voie de communication. Dans ce cas, leurs prestations et leurs centimes étant peu considérables, leurs contingents ne se trouvent plus en proportion de leur intérêt à l'ouverture et à la viabilité de la ligne.

Nous ferons observer, d'abord, que parce qu'une commune isolée a toujours été privée de chemins, de routes, ce n'est pas une raison pour lui demander davantage lorsque, dans l'intérêt de plusieurs autres communes, comme dans le sien, on la fait traverser par une ligne vicinale ; que si elle a peu de population et de territoire, elle ne se servira que peu de cette ligne, ou, du moins, qu'elle s'en servira dans une plus petite proportion qu'une autre commune qui a population et richesse, c'est-à-dire, industrie, commerce et agriculture ; et que par conséquent, elle doit moins payer.

Nous reconnaîtrons, ensuite, qu'il est des circonstances exceptionnelles qu'il n'était pas possible d'assujettir à des règles ; que la loi les a prévues, et que c'est pour cela qu'elle a voulu que le préfet, qui a tous les moyens de les apprécier, en fût juge, et fixât les contingents des communes. Nous ajouterons, qu'elle lui a donné les moyens d'établir, autant que possible, dans tous les cas, une juste proportion entre l'intérêt des communes et leur part contributoire dans les dépenses.

En effet, la loi du 21 mai 1836, porte, art. 1er, que les chemins vicinaux sont à la charge des communes ; puis, art. 2, elle indique les ressources qui peuvent subvenir à l'acquittement de cette dette *obligatoire* : ce sont les revenus ordinaires et subsidiairement des prestations et des centimes spéciaux, dont le maximum pour les chemins vicinaux ordinaires, est, aux termes du même article, de trois journées de prestation et de cinq centimes ; et pour les chemins vicinaux de grande communication, suivant l'art. 8, de deux journées de prestations et de deux tiers de cinq centimes. Ce n'est qu'en cas d'insuffisance des revenus ordinaires qu'on doit recourir aux prestations et aux centimes ; mais si ces revenus ne suffisent pas, après en avoir prélevé ce qu'il y a de disponible, on peut encore, si l'importance de la dette l'exige, prendre des prestations et des centimes jusqu'au maximum déterminé par les articles 2 et 8 ; car la dette, pour les chemins vicinaux ordinaires, n'a d'autres bornes que les besoins et la disposition du § 3 de l'art. 39 de la loi du 18 juillet 1837, et pour les chemins vicinaux de grande communication, elle n'a d'autres limites que la fixation du contingent par le préfet et la même disposition de la loi du 18 juillet 1837. L'insuffisance des revenus ordinaires et du maximum déterminé par les art. 2 et 8 de la loi de 1836, peut, seule, par le fait, réduire la dette. C'est ce que l'instruction de M. le ministre de l'intérieur, du 30 avril 1839, a complètement démontré.

Ainsi, lorsqu'une commune se trouvera placée dans quelque circonstance exceptionnelle, de manière que son contingent, pour être en proportion avec ceux des autres communes, doive excéder le maximum des prestations et des centimes, le préfet pourra ajouter à ce maximum l'équivalent de tout ce que la commune a de revenus ordinaires disponibles, après l'acquittement des autres dépenses communales (1).

Mais, si la commune n'a point ou n'a pas assez de revenus ordinaires disponibles, le préfet, pour conserver la proportion, sera obligé de réduire les contingents des autres communes.

2°. Une commune peut être intéressée à plusieurs lignes, et peut même y avoir un intérêt majeur : si les contingents qu'elle doit fournir pour ces lignes ne dépassent point, ensemble, le maximum de deux journées de prestations et de deux tiers de cinq centimes, une proportion équitable sera loin d'exister entre les contingents de cette même commune et les contingents des autres communes intéressées.

Nous sommes encore ici dans un cas exceptionnel, et les revenus

(1) Instruction du 24 juin 1836, page 63.

ordinaires, s'il y en a de disponibles, peuvent suppléer à l'insuffisance du maximum; mais si ces revenus ordinaires eux-mêmes ne suffisent pas, en présence des dispositions formelles des art. 2 et 8 de la loi du 21 mai, on n'a d'autre moyen que de réduire proportionnellement les contingents des autres communes.

3°. Les villes, par leur population, par leur richesse immobilière et commerciale, peuvent avoir des prestations et des centimes d'une valeur et d'un produit considérables; cependant, leur intérêt, à l'établissement des chemins vicinaux de grande communication, paraît bien moins grand que celui des communes rurales; et si, parce qu'elles sont traversées par un de ces chemins ou en sont proches, on leur demande l'équivalent de deux journées de prestations et de deux tiers de cinq centimes, leur contingent sera énorme et hors de proportion avec ceux des villages.

Nous ne pensons pas que les villes ne profitent que peu des chemins vicinaux de grande communication; si, parce que d'autres voies les traversent, parce que leur commerce est étendu, les avantages qu'elles en retirent sont moins sensibles, ils n'en sont pas moins réels; si les chemins ne leur procurent que de rares relations de ville à villages, ils leur en donnent fréquemment de villages à ville; si, au milieu de l'activité incessante de l'industrie et du commerce déjà existants, l'augmentation de bénéfices causée par une nouvelle ligne vicinale passe inaperçue, ces bénéfices sont recueillis; et il n'est pas douteux qu'en définitive, si l'on pouvait les comparer exactement avec les bénéfices recueillis par les communes rurales, ceux-ci, quoiqu'ayant été plus sensibles parce qu'ils étaient moins fréquents, seraient bien au-dessous de ceux des villes.

Cependant, nous reconnaissons que, dans les grandes villes surtout, certaines personnes, certaines propriétés ne retirent le plus souvent aucun avantage d'un chemin vicinal de grande communication : telles sont, parmi ces dernières, les maisons, qui pourtant forment quelquefois la plus grande partie de la richesse immobilière d'une ville. Aussi, ces considérations démontrent que nous nous occupons d'un des cas exceptionnels que nous devions prévoir, et nous n'hésitons pas à dire que le contingent d'une *grande ville*, sans être fort inférieur, doit rarement atteindre le maximum des prestations et des centimes spéciaux.

M. le ministre de l'intérieur, dans son instruction du 24 juin 1836 (1), paraissait avoir prescrit au préfet de prendre l'avis des conseils municipaux, avant de fixer les contingents ; mais, plus tard, par sa circulaire du 24 décembre 1836, il s'est expliqué sur le mode de procéder à cet égard, et il a dit positivement que les conseils municipaux ne doivent être appelés à délibérer qu'après la notification des contingents, puisque leur vote ne peut avoir lieu qu'après que la dette leur est connue. L'avis préalable des conseils municipaux, en effet, s'il ne présentait pas de graves inconvénients, serait au moins inutile.

Le préfet peut prendre d'autres précautions plus salutaires. Indépendamment des propositions que doivent lui faire les agents-voyers, il peut consulter les *commissaires spéciaux* ou *inspecteurs-voyers*, s'il en a nommé dans son département. Souvent choisis parmi les membres du conseil général et des conseils d'arrondissement, ou parmi d'autres personnes d'une position indépendante, ces commissaires ont tout le zèle, toute la capacité et toute l'impartialité nécessaires pour donner des renseignements certains et pour faire des propositions convenables sur la proportion de concours à demander aux communes intéressées. La responsabilité morale qui pèse alors sur eux est une garantie pour les communes et pour le préfet.

Les termes dans lesquels nous venons de développer notre système de répartition ont fait assez voir que les contingents, selon nous, doivent être fixées par quotité du maximum, et non par somme déterminée, bien qu'à ce dernier mode notre système soit également applicable. Un chiffre proportionnel, comme 1/2, 1/3, 1/8 du maximum exigible en prestations et en centimes, doit donc indiquer le contingent de chaque commune ; mais comme les centimes, et les prestations surtout, varient souvent, et d'une manière très-sensible, d'une année à une autre, cette indication

(1) Page 57.

ne peut être que provisoire et que faite par évaluation : lors de l'émission des rôles, le contingent est fixé définitivement.

Lorsqu'une commune doit fournir plus que son maximum, parce qu'elle se trouve dans une des circonstances exceptionnelles que nous avons signalées, et qu'elle a des revenus ordinaires disponibles, son contingent doit être indiqué par une expression fractionnaire, comme 5/4, 9/6, etc.

Au mois d'avril de chaque année, en même temps que les agents-voyers feront connaître au préfet les besoins de chaque ligne pour l'année suivante (1), ils lui soumettront donc un projet de répartition des contingents communaux. Ils auront dû communiquer préalablement ce projet aux commissaires spéciaux et aux sous-préfets. (*V.* modèle n° 40.)

Muni des propositions des agents-voyers, des commissaires spéciaux, des sous-préfets, et, en outre, de tous les renseignements qu'il a pu recueillir, le préfet fixe les contingents. (*V.* modèle d'arrêté n° 41.)

§ 2. — *De la réalisation des contingents.*

Les contingents fixés, le préfet les notifie aux maires des communes désignées, afin que ces fonctionnaires invitent les conseils municipaux, dans la session de mai, à délibérer sur les moyens de les acquitter. A cet effet, il n'est pas inutile que le préfet joigne à ses lettres de notification des formules de délibérations imprimées. (*V.* modèle n° 14.)

Les votes de prestations et de centimes spéciaux contenus dans les délibérations, après avoir été approuvés, et, s'il s'agit de villes dont le roi règle le budget, après qu'il en a été référé au ministre de l'intérieur (2), sont communiqués au directeur des contributions directes afin qu'il en fasse l'objet de rôles. (*V.* page 22.)

Les votes sur les revenus communaux sont portés, s'il y a lieu, aux budgets.

(1) Circulaire ministérielle du 24 décembre 1836.
(2) Circulaire ministérielle du 1er juillet 1837.

Les votes d'impositions extraordinaires, s'ils ont pour objet le paiement des contingents, et si le maximum des prestations et des centimes autorisé par l'art. 2 de la loi du 21 mai 1836 a été voté (1), sont approuvés par le préfet, lorsque les communes ont moins de cent mille francs de revenus (2). (*V.* modèle d'arrêté nº 42.) Lorsque les communes ont cent mille francs de revenus ou plus, l'imposition extraordinaire ne peut être autorisée que par ordonnance du roi (3).

Si un conseil municipal refusait d'assurer le paiement du contingent assigné à la commune qu'il représente, ou s'il laissait passer le délai fixé sans délibérer, le préfet, en vertu de l'art. 9 de la loi du 21 mai 1836, devrait faire usage de l'art. 5 de la même loi et de l'art. 39 de la loi du 18 juillet 1837 ; c'est-à-dire, qu'il inscrirait, en conseil de préfecture (*V.* modèle nº 43), ou proposerait au roi d'inscrire d'office, au budget communal, l'allocation nécessaire, si toutefois, la commune avait des revenus ordinaires disponibles ; et qu'en cas d'insuffisance de ces revenus, il imposerait, dans une proportion équitable, des prestations et des centimes, dans la limite du maximum fixé par l'art. 8 de la loi de 1836. (*V.* modèle nº 44.) Si le conseil municipal avait voté précédemment des prestations et des centimes au-delà des besoins des chemins vicinaux, ou jusqu'au maximum déterminé par l'art. 2 de la loi, le préfet n'aurait qu'à en affecter une partie, toujours dans les limites fixées par l'art. 8 (*V.* même modèle).

L'arrêté d'imposition doit être notifié au directeur des contributions directes, pour que celui-ci rédige le rôle. Après que le rôle de prestations a été rendu exécutoire et qu'il a été publié dans la commune, le préfet prend un autre arrêté (*V.* modèle nº 24), pour mettre les habitants en demeure de faire leurs déclarations d'option.

L'état des impositions établies d'office pour l'acquittement des contingents, doit être communiqué au conseil général.

(1) Circulaire ministérielle du 8 septembre 1836.

(2) Art. 40 de la loi du 18 juillet 1837.

(3) Même article.

(*V. première partie*, chapitre 2, section 10, page 29 et les notes.)

Lorsque tous les rôles sont émis, que le montant réel en est connu, le préfet, en approuvant les délibérations qui en contiennent l'affectation, arrête définitivement les contingents, lesquels, comme nous l'avons déjà dit (1), n'avaient pu être fixés que provisoirement.

Un compte ouvert de ces contingents, par ligne vicinale, doit être tenu à la préfecture, afin qu'on en puisse suivre le recouvrement (*V.* modèle n° 45). Pour que la situation des communes puisse toujours être connue, il est nécessaire que les contingents soient aussi portés en dépense sur le carnet dont nous avons parlé à l'égard de l'emploi des ressources en argent sur les chemins vicinaux (*V.* page 35).

Nous nous occuperons de l'emploi des prestations en nature au chapitre *Des travaux*.

Quant aux ressources en argent, le préfet doit avoir soin de les faire verser, dès qu'il est possible, dans la caisse du receveur des finances, afin que des fonds puissent se trouver disponibles aussitôt que les entrepreneurs ou les régisseurs ont effectué des travaux.

Centralisés, d'abord dans la caisse du receveur général des finances, sous le titre de *cotisations municipales*, par suite de l'instruction du 24 juin 1836 (2), les contingents communaux sont maintenant soumis à toutes les règles de la comptabilité départementale (3) : ils figurent à la 4me section du budget (4). Le préfet les fait verser dans la caisse du receveur général comme produits éventuels du département (*V.* modèle n° 46). Il est utile qu'il avertisse les maires des arrêtés de recouvrement qu'il a pris, afin que ces fonctionnaires délivrent des mandats en conséquence. Il y a également avantage à ce que les receveurs municipaux soient prévenus des versements qu'ils ont à faire.

(1) Page 76.

(2) Page 67.

(3) Instructions du ministère de l'intérieur, du 15 et du 31 mai 1838.

(4) Instruction du même ministère du 24 juillet 1838.

Le préfet doit faire tenir un journal des arrêtés de recouvrement (*V.* modèle n° 47) : les numéros de ce journal sont portés sur le *compte ouvert* dont nous venons de parler, en regard de chaque somme comprise dans les arrêtés. Un compte ouvert des recouvrements doit aussi être tenu (*V.* modèle n° 48), afin que pour chaque ligne on puisse comparer les sommes à recouvrer avec les recouvrements effectués, et connaître ainsi les ressources dont on a la disposition. La situation des recouvrements est donnée par le receveur général, ainsi que nous le dirons plus loin.

SECTION III.

Des offres.

Si des offres ont été faites pour l'établissement de chemins vicinaux de grande communication, qu'elles soient fondées sur un titre régulier, et qu'elles soient exigibles, le préfet les accepte (1), et charge le receveur général d'en faire le recouvrement au même titre que les contingents communaux (*V.* modèle d'arrêté n° 49). Les arrêtés sont inscrits sur le journal et sur le compte ouvert des titres de recouvrement, comme ceux qui concernent les contingents des communes.

SECTION IV.

Des subventions particulières pour cause de dégradations extraordinaires.

Nous avons rappelé dans la *première partie*, *chapitre* 2 (2), les formalités qui sont à remplir, lorsqu'on veut faire subvenir des particuliers, pour les dégradations extraordinaires qu'ils ont faites sur les chemins vicinaux. A l'égard des chemins vicinaux de grande communication, les formalités sont les mêmes, excepté que l'action

(1) Art. 7 de la loi du 21 mai 1836.

(2) Page 26.

du maire appartient au préfet (1). Nous n'avons donc pas à revenir sur ce point.

Lorsqu'une subvention particulière est devenue exigible en argent, par suite, soit de la décision du conseil de préfecture, soit de l'abonnement réglé par le préfet en conseil de préfecture (*V.* modèle n° 20, sauf à y faire quelques changements et à y viser l'art. 9 de la loi du 21 mai), le préfet la met en recouvrement. (*V.* modèle d'arrêté n° 50.)

(1) Art. 9 de la loi du 21 mai.

CHAPITRE III.

Des travaux.

SECTION Ire.

Des agents-voyers.

La direction matérielle des travaux devait être confiée à des hommes possédant des connaissances spéciales : tels sont les ingénieurs et les conducteurs des ponts et chaussées. Mais, dans beaucoup de départements, ces agents ne pouvaient se charger du nouveau service des chemins vicinaux, à son origine déjà si considérable et si compliqué. Aussi la loi a-t-elle permis que l'on créât un corps spécial.

Le préfet peut nommer des *agents-voyers* (1). (*V.* modèle n° 51.)

Dans plusieurs départements, les agents-voyers dirigent les travaux des chemins vicinaux ordinaires, comme des chemins vicinaux de grande communication; mais nous pensons que, partout, c'est au service de la grande vicinalité qu'ils sont principalement attachés : aussi, c'est sous ce dernier point de vue que nous les considérerons.

Le préfet ne doit pas faire de nominations avant d'être certain que le conseil général assurera le traitement des agents-voyers (2); car c'est le conseil général qui fixe leur traitement, et ce traitement est prélevé sur les fonds affectés aux travaux (3), à titre de subvention, par le conseil général, et non sur les fonds provenant du concours des communes (4).

(1) Art. 11 de la loi du 21 mai 1836.
(2) Instruction du 24 juin, page 73.
(3) Art. 11 de la loi du 21 mai, § 2
(4) Instruction du 24 juin, page 73.

Il est indispensable que les agents-voyers aient les connaissances nécessaires pour remplir leur mission. Il a paru à M. le ministre de l'intérieur (1) qu'on doit les assujettir à justifier, dans leurs examens, qu'ils ont les connaissances dont le programme suit :

Quant aux agents-voyers de premier ordre.

1°. Principes de la langue française ;

2°. L'arithmétique et le système légal des poids et mesures ;

3°. L'algèbre jusqu'aux équations du deuxième degré ;

4°. La théorie des logarithmes et l'usage des tables ;

5°. Les éléments de géométrie ;

6°. La trigonométrie rectiligne et l'usage des tables de sinus ;

7°. La statique élémentaire et l'usage des machines simples et composées ;

8°. Le dessin graphique et le lavis ;

9°. Lever un plan à l'équerre, au graphomètre ou à la boussole ;

10°. Faire et rapporter un nivellement au niveau d'eau et au niveau à bulle d'air ;

11°. Notions sur le tracé et sur les travaux d'entretien des routes ;

12°. Calcul des déblais et remblais pour la construction des routes ;

13°. Notions sur les qualités et les défauts des matériaux et sur leur emploi dans les maçonneries, charpentes, etc. ;

14°. Faire un projet complet de route, d'après des profils déterminés, et des projets de ponts ou de ponceaux en pierre et en charpente.

Quant aux agents-voyers d'un ordre inférieur.

1°. Les principes de la langue française ;

2°. L'arithmétique y compris les proportions et l'extraction des racines carrées, ainsi que le système légal des poids et mesures ;

3°. La géométrie élémentaire (on insistera sur la mesure des surfaces et la cubature des solides à face plane) ;

4°. La construction et l'emploi des machines les plus usuelles (leviers, poulies, treuils, vis, sonnettes, pompes, etc.) ;

(1) Circulaire du 11 octobre 1836.

5°. Le dessin linéaire ;

6°. Lever un plan à l'équerre, au graphomètre ou à la boussole;

7°. Faire et rapporter un nivellement au niveau d'eau ;

8°. Notions sur les travaux d'entretien des routes, sur les qualités et défauts des différents matériaux de construction et sur leur emploi dans les maçonneries, charpentes, etc.

Les agents-voyers doivent prêter serment (1), comme ils peuvent être assimilés aux agents chargés de constater les contraventions en matière de grande voirie, c'est devant le préfet que leur serment doit être prêté (2). (*V.* modèle n° 52.)

La loi confère aux agents-voyers le droit de constater les contraventions et les délits, et d'en dresser des procès-verbaux (3).

Dans la plupart des départements, le service des agents-voyers est centralisé entre les mains d'un agent-voyer en chef, qui reçoit directement les ordres du préfet ; il a pour subordonnés des agents-voyers d'arrondissement, auxquels sont adjoints des agents-voyers conducteurs. Il est à désirer, ainsi que M. le ministre de l'intérieur l'a reconnu dans sa circulaire du 12 août 1839, que le service soit partout organisé de cette manière.

SECTION II.

Des projets de travaux.

Avant de faire effectuer un ouvrage quelconque sur les chemins vicinaux de grande communication, les agents-voyers en dressent le projet.

Les projets de construction, que souvent on nomme simplement *projets*, se composent :

1°. D'un plan ;

2°. D'un nivellement en long et d'un cahier de nivellement en travers ;

3°. De plans, coupes et élévations pour les ponts, les ponceaux, les aqueducs et les autres ouvrages d'art ;

(1) Art. 11 de la loi du 21 mai.

(2) *V.* Art. 2 de la loi du 29 floréal an x.

(3) Art. 11 de la loi du 21 mai.

4°. D'un devis et d'un cahier de charges ;
5°. D'une analyse des prix ;
6°. D'un détail estimatif ;
7°. D'un avant-métré des travaux contenant le calcul des terrassements.

Le devis fait connaître la largeur de la chaussée, des accotements, des fossés et des talus, en général ; le plan fixe le tracé et détermine sur tous les points la largeur, soit de la chaussée et des accotements, soit des fossés et des talus, c'est-à-dire, l'étendue des terrains occupés par la ligne vicinale. En approuvant ces pièces, le préfet arrête donc le tracé définitif, et, en exécution des articles 7 et 21 de la loi du 21 mai 1836, fixe la largeur et les limites du chemin et des fossés.

Dès que les projets sont confectionnés et approuvés, on procède, s'il y a lieu, à l'emploi des prestations en nature, et l'on fait effectuer les travaux à prix d'argent, soit par adjudication, soit par régie. Ces divers modes d'exécution font l'objet des trois sections suivantes.

SECTION III.

De l'emploi des prestations en nature.

Nous avons déjà dit (page 24) qu'il nous semble utile que les extraits des rôles de prestation, au lieu d'être remis aux maires par les receveurs municipaux, dans la quinzaine du délai d'option, soient envoyés d'abord au préfet. De cette manière, il a tous les documents nécessaires pour faire employer les prestations en nature dues aux chemins vicinaux de grande communication.

Quand le préfet a les extraits de rôles, il les adresse à l'agent-voyer en chef, avec la notification du montant des prestations *en nature* dues par chaque commune. La colonne 17 du *Compte ouvert* dont nous avons déjà parlé (*V.* modèle n° 45), fait connaître les tarifs de conversion en tâches qui ont été adoptés ; et si le préfet le juge à propos, il prescrit à l'agent-voyer en chef de faire employer les prestations avec le mode de conversion. Un carnet que nous nommerons *Registre des états d'emploi de prestations en nature* (*V.* modèle n° 53), doit être tenu à la préfecture : dès l'envoi des extraits de rôles à l'agent-voyer en chef, les colonnes 1, 2, 3, 5 et 6 de ce registre sont remplies, et en même temps, l'indication du numéro de ce registre est portée sur le *Compte ouvert* (colonne 16) ; de sorte qu'on a ainsi, sur un seul registre (le *Compte ouvert*), la situation de chaque commune à l'égard de la ligne vicinale à laquelle elle est intéressée.

L'agent-voyer en chef fait dresser, par l'agent-voyer d'arrondissement un *état d'emploi* des prestations en nature appartenant à chaque ligne vicinale (*V.* modèles n°s 54 et 55), et le soumet à l'approbation du préfet, en double expédition ; il lui remet en même temps, pour chaque commune, un extrait de cet état d'emploi, avec l'extrait du rôle de prestation. Lorsque le préfet a approuvé l'état d'emploi, il en renvoie une expédition à l'agent-voyer en chef, en garde une et adresse aux maires les deux extraits qui leur appartiennent, avec l'invitation de délivrer les avertissements nécessaires aux prestataires. Ces opérations sont aussitôt constatées sur le *Registre des états d'emploi* (colonne 4) ainsi que les termes de l'exécution des travaux (colonne 7).

On a dû laisser un intervalle d'au moins quinze jours entre l'envoi aux maires des extraits de l'état d'emploi, et la première époque fixée pour l'exécution des travaux. Les maires, dans la forme que nous avons indiquée dans la *première partie* (section 1re du chapitre 3) (1), adresse les réquisitions aux prestataires, suivant les indications de l'état d'emploi.

On conçoit que lorsqu'il s'agit de chemins vicinaux de grande communication, les travaux de prestation ne doivent plus être exécutés sous la surveillance de l'autorité municipale ; mais qu'ils doivent être dirigés par les délégués du préfet, c'est-à-dire, par les agents-voyers ou d'autres fonctionnaires spéciaux. Le maire fait remettre l'extrait du rôle à l'agent ainsi chargé de la surveillance des prestations, afin que celui-ci y constate la libération des prestataires, et leur délivre les certificats d'acquittement.

(1) Page 52.

Quant à la manière de rattacher l'exécution des prestations aux travaux par adjudication (*V. première partie*, page 35).

Mais il ne suffit pas de faire exécuter les prestations en nature, il faut encore assurer le recouvrement des prestations devenues exigibles en argent à défaut d'exécution en nature. Pour éviter toute difficulté à cet égard, nous pensons que le surveillant des travaux doit soumettre au maire le compte qu'il a tenu des prestations fournies, pour que celui-ci le vérifie, et le compare avec les émargements de l'extrait de rôle et la liste, qui a dû être dressée par lui, des prestataires requis. Nous pensons aussi que le maire, sans être dispensé de remettre au receveur municipal la note des contribuables devenus débiteurs en argent, doit les faire connaître au surveillant des travaux, afin que, plus tard, le préfet ait les moyens de s'assurer du recouvrement. Ainsi le maire réglera, de concert avec le surveillant, le compte des prestations; il y joindra la liste des débiteurs en numéraire et signera le tout. Ce compte sera remis au préfet, qui, pour plus de certitude, pourra charger directement le receveur municipal de recouvrer les prestations exigibles en argent.

S'il arrivait qu'un maire refusât ou négligeât d'adresser les réquisitions nécessaires, il y aurait lieu de faire exécuter les travaux d'office (1). La négligence ou le refus constaté, le préfet, en vertu de l'art. 15 de la loi du 18 juillet 1837, nommerait (*V.* modèle n° 56) un délégué spécial, qui délivrerait les avertissements aux prestataires, et pourrait même surveiller les travaux; il aurait à rendre au préfet un compte des prestations fournies en nature et des prestations exigibles en argent.

SECTION IV.

Des adjudications et de leurs suites.

Les adjudications des travaux à faire sur les chemins vicinaux de grande communication doivent avoir lieu dans les formes pres-

(1) Art. 5 de la loi du 21 mai, *V.* première partie, page 42.

7

crites pour les adjudications des ponts et chaussées (1). Elles le sont par voie de soumissions cachetées (2). L'avis des adjudications à passer est publié, sauf les cas d'urgence, un mois à l'avance, par la voie des affiches et par tous les moyens ordinaires de publicité; cet avis fait connaître, 1° le lieu où l'on peut prendre connaissance du cahier des charges; 2° les autorités chargées de procéder à l'adjudication, 3° le lieu, le jour et l'heure fixés pour l'adjudication (3); il n'est pas inutile que le même avis indique les garanties que les entrepreneurs ont à fournir (*V.* modèle n° 57). Les cahiers des charges doivent déterminer la nature et l'importance des garanties que les entrepreneurs ont à produire, soit pour être admis aux adjudications, soit pour répondre de l'exécution de leurs engagements (4). Les cahiers des charges, pour les clauses générales, s'en réfèrent ordinairement, du reste, aux conditions imposées aux entrepreneurs des ponts et chaussées, par une circulaire du directeur général du 25 août 1833.

Les adjudications peuvent avoir lieu ou devant le préfet, ou devant le sous-préfet (5).

Si une adjudication se fait devant le préfet, il doit être assisté du conseil de préfecture, de deux membres du conseil général et de l'agent-voyer en chef (6). Nul n'est admis à concourir, s'il n'a les qualités requises pour entreprendre les travaux et en garantir le succès. A cet effet, chaque concurrent est tenu ordinairement de fournir un certificat constatant sa capacité; il doit, dans tous les cas, présenter un acte régulier ou au moins une promesse valable de cautionnement: ce certificat et cet acte, ou cette promesse, sont joints à la soumission; mais celle-ci est placée sous un second cachet. Les paquets sont reçus cachetés; ils sont immédiatement rangés sur le bureau et reçoivent un numéro dans l'ordre de leur

(1) Instruction du 24 juin 1836, page 109.

(2) Ordonnances royales des 10 mai 1829 et 4 décembre 1836.

(3) Ordonnance du 4 décembre 1836.

(4) Même ordonnance.

(5) Instruction du 24 juin 1836, page 109.

(6) Instruction du 24 juin, page 109.

présentation. A l'instant fixé pour l'ouverture des paquets, le premier cachet est rompu publiquement, et il est dressé un état des pièces contenues sous ce premier cachet : l'état dressé, les concurrents se retirent de la salle de l'adjudication, et le préfet, après avoir consulté les membres du conseil de préfecture et l'agent-voyer en chef, arrête la liste des concurrens agréés. Immédiatement après, la séance redevient publique : le préfet annonce sa décision; les soumissions sont ensuite ouvertes publiquement, et le soumissionnaire qui a fait l'offre d'exécuter les travaux aux conditions les plus avantageuses, est déclaré adjudicataire (1). Dans le cas où plusieurs soumissionnaires auraient offert le même prix, il serait procédé, séance tenante, à une adjudication entre ces soumissionnaires seulement, soit sur de nouvelles soumissions, soit à l'extinction des feux. Les résultats de chaque adjudication sont constatés par un procès-verbal relatant toutes les circonstances de l'opération (2). (*V.* modèle n° 58.)

Si l'adjudication se fait devant le sous-préfet, il doit être assisté d'un membre du conseil général, d'un membre du conseil d'arrondissement, et de l'agent-voyer d'arrondissement (3). Il procède d'une manière analogue à celle du préfet.

La garantie pour l'exécution des engagements de l'adjudicataire consiste dans un dépôt de valeurs mobilières ou dans une affectation hypothécaire de biens immobiliers. Elle peut être fournie par l'adjudicataire lui-même ou par un tiers.

Il est prudent d'exiger le dépôt des valeurs mobilières, aussitôt après l'adjudication. Ce dépôt a lieu entre les mains des receveurs des finances, comme préposés de la caisse des dépôts et consignations (4), sur un arrêté du préfet (*V.* modèle n° 59).

L'affectation hypothécaire a lieu également, aussitôt après l'adjudication. Les biens offerts en garantie doivent être francs d'hypothèque, ou représenter, déduction faite des hypothèques

(1) Art. 10, 11, 12 et 13 de l'ordonnance royale du 10 mai 1829.
(2) Ordonnance royale du 4 décembre 1836.
(3) Instruction du 24 juin 1836, page 109.
(4) Arrêté de M. le Ministre des finances du 1er juin 1839.

dont ils seraient grevés, une valeur suffisante pour la garantie. Les titres de propriété et un certificat du conservateur des hypothèques, constatant la situation hypothécaire du soumissionnaire ou de sa caution, doivent être produits.

Si le cautionnement en immeubles est donné par un tiers. (*V.* modèle n° 60.)

Des expéditions en bonne forme du procès-verbal de l'adjudication, du devis et du détail estimatif, sont délivrées à l'entrepreneur, qui paie comptant les frais de ces expéditions et, en outre, ceux d'affiches, de publications, de timbre et d'enregistrement(1).

Dès que la subvention départementale a été répartie, et à mesure que le recouvrement des ressources communales et particulières a été assuré, le préfet a dû en faire la notification à l'agent-voyer en chef, et lui donner ainsi connaissance des crédits qu'il a à faire employer. D'après ces bases, qui sont communiquées aux agents-voyers d'arrondissement, ceux-ci dressent, pour être remis aux entrepreneurs, des *états d'indication* des ouvrages à exécuter. Ces états sont soumis préalablement à l'approbation du préfet.

Lorsqu'un ouvrage languit faute de matériaux, d'ouvriers, etc., de manière à faire craindre qu'il ne soit pas achevé aux époques prescrites, ou que les fonds crédités ne puissent pas être consommés dans l'année, le préfet, sur le rapport de l'agent-voyer en chef, ordonne l'établissement d'une régie, aux frais de l'entrepreneur, si, à une époque fixée, celui-ci n'a pas satisfait aux dispositions qui lui sont prescrites (*V.* modèle n° 61). A l'expiration du délai, si l'entrepreneur n'a pas satisfait à ces dispositions, la régie est organisée immédiatement et sans autre formalité (2).

Si l'entrepreneur cédait tout ou partie de son entreprise, ou si son état d'insolvabilité ne permettait pas d'établir une régie, il y aurait lieu de prononcer la résiliation du marché, et d'ordonner une nouvelle adjudication, sur folle-enchère (*V.* modèle n° 62). Les excédants de prix, s'il y en a, sont prélevés sur les sommes dues

(1) Art. 6 et 41 des conditions générales des ponts et chaussées.

(2) Art. 21 des conditions générales des ponts et chaussées.

à l'entrepreneur, sans préjudice des droits à exercer contre lui ou sa caution. Si, au contraire, il y a diminution de prix, l'entrepreneur ou sa caution ne peut réclamer aucune part du bénéfice (1).

SECTION V.

Des travaux par régie et par tâche.

Il est quelquefois nécessaire, pour faciliter l'emploi des prestations en nature, ou pour confectionner certains travaux de peu d'importance, de se servir du mode d'exécution par régie, ou par tâche sur soumission particulière. Quelquefois aussi, des travaux par régie ont lieu d'office, parce qu'un entrepreneur a négligé de faire, dans le délai qui lui a été donné, les ouvrages dont il avait reçu l'indication. (*V.* ci-dessus page 90.)

L'emploi des cantonniers se rattache aux travaux par régie.

Nous n'avons pas à nous étendre sur ce mode d'exécution. Quant au paiement des dépenses faites par régie (*V. chapitre 4* ci-après).

SECTION VI.

Des extractions de matériaux et des occupations temporaires de terrains.

Nous avons indiqué dans la *première partie*, *chapitre* 3 (2), les diverses formalités qui doivent précéder et suivre les extractions de matériaux et les occupations temporaires de terrains, occasionnées par les travaux des chemins vicinaux. Ces formalités sont les mêmes pour les travaux des chemins vicinaux de grande communication ; seulement, c'est sur le rapport de l'agent-voyer en chef, que le préfet prend son arrêté d'autorisation. (*V.* modèle n° 63.) Si un devis d'entreprise désignait les propriétés à occuper, il est évident que cette désignation et l'approbation du devis tiendraient lieu d'arrêté d'autorisation.

(1) Art. 4 et 21 des conditions générales des ponts et chaussées.

(2) Page 38.

CHAPITRE IV.

Du paiement des dépenses et de la comptabilité.

La subvention départementale, accordée pour les dépenses des chemins vicinaux de grande communication, est mise à la disposition du préfet, par les ordonnances de délégation que le ministre de l'intérieur lui délivre, en exécution des art. 7 et 23 de l'ordonnance royale du 14 septembre 1822.

Il en est de même des subventions communales et particulières. Au commencement de chaque mois, le receveur général donne, par ligne vicinale, la situation des recouvrements opérés sur ces subventions (1). Le préfet demande ensuite, selon les besoins du service, les ordonnances de délégation qui lui sont nécessaires pour faire acquitter les dépenses (2).

L'acquittement des dépenses a lieu sur les mandats du préfet, appuyés des pièces suivantes (3), savoir :

Lorsqu'il s'agit de travaux ou de fournitures effectués par suite d'adjudication, ou sur simple soumission acceptée.

1°. Pour le premier à-compte à l'entrepreneur :

Un certificat pour paiement délivré par l'agent-voyer en chef, constatant les travaux exécutés, la livraison des matériaux, la retenue de garantie et la somme à payer (*V.* modèle n° 64) ;

Un extrait du procès-verbal d'adjudication ou de la soumission et de l'acte d'acceptation ;

Une expédition, quand il y a lieu, de l'acte de cautionnement et du bordereau d'inscription hypothécaire.

(1) Circulaire du ministère de l'intérieur du 15 mai 1838.

(2) Art. 7 et 23 de l'ordonnance royale du 14 septembre 1822 ; circulaires ministérielles du 15 et du 31 mai 1838.

(3) Instruction du ministère de l'intérieur, sur la comptabilité générale, du 10 septembre 1830.

2°. Pour les à-compte subséquents :

Un certificat pour paiement constatant l'avancement des travaux et des fournitures et la somme à payer, et rappelant, en outre, les à-comptes précédents, par masse pour chacun des exercices antérieurs, et par détail pour l'exercice courant.

3°. Pour le paiement de solde :

Un certificat pour paiement délivré par l'agent-voyer en chef;

Le procès-verbal de réception des travaux, contenant liquidation définitive de toutes les dépenses faites par l'entrepreneur, arrêtée par l'agent-voyer en chef;

Les expéditions, qui avaient été remises à l'entrepreneur,

Du devis;

Du procès-verbal d'adjudication, ou de la soumission et de l'acte d'acceptation :

Lorsqu'il s'agit de travaux ou de fournitures effectués par régie.

Un certificat pour paiement, délivré par l'agent-voyer en chef;

Les rôles de journées d'ouvriers;

Les mémoires quittancés par les fournisseurs.

Il peut être fait à un agent spécial, pour faciliter les dépenses par régie, une avance de fonds (1). Dans ce cas, chaque mandat s'acquitte d'abord sans justification ; mais la partie prenante est tenue de rapporter, sous un mois, le compte d'emploi arrêté par l'agent-voyer en chef, visé par le préfet, et appuyé des quittances des créanciers réels, lesquelles s'obtiennent, pour les travaux à la journée ou à la tâche, par des émargements sur rôles ou états disposés à cet effet, et pour les achats de fournitures, par des factures ou des mémoires acquittés.

Lorsqu'il s'agit d'indemnités de terrain.

1°. Pour les expropriations volontaires ou forcées, faites en exécution de l'art. 16 de la loi du 21 mai 1836, si l'indemnité excède 100 fr. :

Un certificat pour paiement, de l'agent-voyer en chef, rappelant la date de l'arrêté pris par le préfet pour autoriser les travaux;

(1) Art 17 de l'ordonnance royale du 14 septembre 1822.

Une expédition ou un extrait suffisamment libellé du procès-verbal d'expertise ;

Une expédition ou un extrait détaillé de l'acte de cession, établissant le montant de l'indemnité, ou du jugement d'expropriation et de la décision du jury ;

Un certificat de transcription au bureau des hypothèques de l'arrondissement, conformément à l'art. 16 de la loi du 7 juillet 1833 ;

Un certificat constatant qu'il n'a été requis jusqu'à l'expiration de la quinzaine après la transcription, aucune inscription de privilége ou d'hypothèque conventionnelle, judiciaire ou légale ; ou bien constatant que les inscriptions qui existaient à cette époque ont été rayées.

2°. Pour les mêmes expropriations, si l'indemnité n'excède pas 100 fr. ;

Un certificat pour paiement, de l'agent-voyer en chef, énonçant la date de l'arrêté pris par le préfet pour autoriser les travaux ;

Une expédition ou un extrait suffisamment libellé du procès-verbal d'expertise ;

Une expédition ou un extrait détaillé de l'acte de cession, établissant le montant de l'indemnité, ou du jugement d'expropriation et de la décision du jury.

3°. Pour les mêmes expropriations, lorsqu'il y a lieu à consignation, c'est-à-dire, lorsque l'indemnité excède 100 fr. et qu'il existe des priviléges, des hypothèques ou d'autres obstacles au paiement, ou que l'indemnité n'excède pas 100 fr., mais qu'il existe des obstacles au paiement, tels que des oppositions :

Un arrêté du préfet ordonnant la consignation ;

Un certificat pour paiement par voie de consignation, délivré par l'agent-voyer en chef ;

Une copie de l'arrêté pris par le préfet, pour autoriser les travaux ;

Une expédition ou un extrait du procès-verbal d'expertise ;

Une expédition ou un extrait de l'acte de cession, établissant le montant de l'indemnité, ou du jugement d'expropriation et de la décision du jury ;

Un certificat de transcription si l'indemnité excède 100 fr.;

Un certificat attestant que la propriété est grevée d'inscriptions, ou des pièces constatant qu'il y a opposition au paiement.

4°. Pour les expropriations opérées par voie d'élargissement, en exécution de l'art. 15 de la loi du 21 mai 1836 (1);

Un certificat pour paiement, de l'agent-voyer en chef;

Un extrait de l'arrêté pris par le préfet, pour fixer la largeur du chemin;

Un extrait du procès-verbal d'expertise;

Une expédition de l'acte de réglement amiable de l'indemnité, ou de la décision du juge de paix.

Lorsqu'il s'agit d'indemnités pour extraction de matériaux, occupation temporaire de terrains, etc.

Un certificat pour paiement, de l'agent-voyer en chef;

Une expédition ou un extrait suffisamment libellé des procès-verbaux d'expertise, énonciatifs de l'approbation de l'administration.

Dans son instruction du 24 juin 1836 (2), M. le ministre de l'intérieur a invité MM. les préfets à rester, pour la comptabilité du service des chemins vicinaux de grande communication, aussi près que possible des règles tracées par l'administration des ponts et chaussées, pour le service dont elle est chargée, parce qu'il s'agit, en effet, de travaux analogues, à l'exception de l'emploi des journées de prestation.

Nous n'avons donc, pour établir la comptabilité des chemins vicinaux de grande communication, qu'à faire quelques changements et quelques additions aux modèles donnés par l'administration des ponts et chaussées, notamment dans les instructions du 25 janvier, du 13 mars et du 17 décembre 1823, et qu'à reproduire les principes, consacrés par ces instructions et par les actes du gouvernement sur lesquels elle est basée, c'est-à-dire, par les ordonnances royales du 14 septembre 1822 et du 31 août 1825, et par l'instruction ministérielle du 10 septembre 1830.

(1) L'énumération des pièces à produire n'a pu être donnée ici que par analogie.
(2) Page 106.

Les dépenses se rattachent toutes à un *exercice*, qui tire son nom de l'année pendant laquelle elles ont été faites.

L'exercice présente trois périodes : la période de dépense, la période de liquidation et d'ordonnancement, et la période de paiement.

La période de dépense se compose des douze mois de l'année qui donne son nom à l'exercice. Sont seules considérées comme appartenant à un exercice, les dépenses résultant d'un service fait ou de droits acquis pendant l'année qui lui donne son nom.

A l'égard des indemnités de terrain et des retenues de garantie sur des travaux exécutés, l'application de cette règle peut présenter quelques difficultés; mais les instructions les ont applanies. Les indemnités de terrain appartiennent à l'année pendant laquelle, les formalités préalables voulues par la loi ayant reçu leur accomplissement, le certificat pour paiement peut être délivré. Les retenues de garantie se rapportent à l'année pendant laquelle, le certificat de réception définitive des ouvrages ayant été délivré aux entrepreneurs, le paiement en devient exigible.

La période de liquidation et d'ordonnancement est formée des douze mois de l'année qui donne son nom à l'exercice et des neuf mois suivants, c'est-à-dire, qu'elle commence au 1er janvier et finit au 30 septembre de l'année suivante.

La liquidation consiste dans le règlement des dépenses. L'ordonnancement se compose : 1° de l'ordonnancement proprement dit, qui consiste, quant au service des chemins vicinaux de grande communication, dans la délégation que fait le ministre au préfet du pouvoir de délivrer des mandats pour une somme déterminée; 2° de la délivrance des mandats de paiement. Ainsi, après le 30 septembre, aucun mandat ne peut plus être délivré sur les fonds de l'exercice de l'année précédente.

La période de paiement est formée de l'année qui donne son nom à l'exercice, et des onze mois suivants, c'est-à-dire, qu'elle commence au 1er janvier et finit au 30 novembre de l'année subséquente. Après cette époque, les mandats délivrés sont annulés et ne peuvent plus être acquittés, sauf aux créanciers à faire réordonnancer les dépenses.

Pour obtenir l'allocation des crédits, en ce qui concerne la subvention départementale, et pour baser la répartition, à l'égard des contingents communaux, il doit être, avant le commencement de chaque exercice, et même avant la session du conseil général, présenté un projet de budget de la vicinalité. Il est rationnel que le crédit demandé pour chaque ligne vicinale de grande communication y soit énoncé distinctement, et que les dépenses du personnel des agents-voyers ou toutes autres dépenses du service, y soient comprises. Ce projet doit être préparé par l'agent-voyer en chef, qui a tous les moyens d'apprécier les besoins du service. (*V.* modele n° 65.)

Ce projet de budget, ainsi que nous venons de le dire, n'a d'autre but que de présenter les éléments, d'après lesquels doivent avoir lieu le vote du conseil général et la répartition des contingents communaux; il ne doit pas, selon nous, servir de base, comme le budget de l'administration des ponts et chaussées, à toute la comptabilité, ni donner lieu à une sous-répartition entre les divers travaux de chaque ligne. En effet, quant à la subvention départementale, la répartition définitive n'en peut souvent être faite au commencement de l'année; et, quant aux contingents communaux, le montant réel *en argent* n'en est connu qu'après l'exécution des prestations en nature. A quoi servirait une sous-répartition qui ne serait qu'éventuelle, qui ne pourrait être la règle des dépenses.

Il vaut mieux que la spécialité des crédits ne soit établie que par ligne vicinale. Les agents-voyers, le préfet, en proposant ou en ordonnant des travaux, sauront commencer par les dépenses les plus urgentes, et, d'après l'appréciation de l'activité des entrepreneurs, employer toujours la totalité des crédits, sans jamais les dépasser.

L'agent-voyer en chef et les agents-voyers d'arrondissement doivent organiser d'abord leur comptabilité.

Nous commencerons par celle de l'agent-voyer en chef. Sa comptabilité intérieure peut se résumer, pour chaque exercice, dans un *Livre* composé de divers tableaux dont nous allons donner la désignation. (*V.* modèle n° 66.)

Le *tableau* A est disposé de manière à recevoir, distinctement pour chaque ligne, l'énonciation des crédits à employer, soit en nature, soit en argent. La notification en est faite par le préfet, après la répartition de la subvention départementale, et à mesure que la réalisation des ressources en argent ou en nature, provenant des contingents communaux et des offres, est assurée. La notification des ressources en argent doit nécessairement avoir lieu à diverses époques, puisque les prestations devenues exigibles en argent, à défaut d'exécution en nature, ne sont connues qu'après l'emploi des prestations en nature, tandis que la réalisation des centimes spéciaux, des revenus communaux, etc., est certaine dès le commencement de l'année.

Tableaux B et C. La subvention départementale est régulièrement mise à la disposition du préfet, par des ordonnances de délégation du ministre de l'intérieur; mais il en est autrement des subventions communales et particulières dont le recouvrement et, par suite, l'ordonnancement sont soumis à divers délais. Les recouvrements de ces subventions, ainsi que les ordonnances de délégation dont elles sont l'objet, sont donc, quant aux paiements que l'agent-voyer en chef doit provoquer, les seules bases qu'il doive suivre. Aussi, le préfet doit-il, par ses notifications, lui en fournir les éléments, qui peuvent être recueillis dans les tableaux B et C.

Le *tableau* D a pour titre : *Journal d'inscription des certificats pour paiement*. L'objet de ce journal est de mettre l'agent-voyer en chef en mesure de former, à la fin de chaque mois, la balance des certificats pour paiement, délivrés avec les dépenses faites (*V.* modèle n° 69); il sert aussi de contrôle pour les *comptes ouverts* et les *comptes auxiliaires*.

Tableaux E et F. Les certificats pour paiement délivrés ne doivent jamais dépasser les crédits en argent disponibles. Il est donc nécessaire qu'une balance puisse toujours se faire entre les crédits de chaque ligne, et les paiements à imputer sur ces crédits; tel est le but de la tenue du *compte ouvert* tracé au tableau E. Semblable compte ouvert doit être dressé pour chaque ligne. Nous ferons remarquer, à l'égard des subventions communales et particulières, qu'elles ne doivent être portées comme crédits disponibles, qu'après leur recouvrement et leur ordonnancement, ce que les tableaux B et C font connaître.

Ce qui précède s'applique au tableau F, lequel a pour objet les dépenses du personnel. Chaque crédit alloué doit avoir son compte ouvert.

Tableaux G, H, I. Mais il ne suffit pas que les certificats pour paiement soient en harmonie avec les crédits; il faut aussi qu'ils se rapportent aux dépenses faites. Des *comptes auxiliaires*, pour chaque entreprise, pour chaque nature de dépense, doivent présenter cette corrélation. Les dépenses pour travaux sont connues de l'agent-voyer en chef, au moyen des états mensuels des agents-voyers d'arrondissement, dont nous parlerons plus loin. Les autres dépenses, indemnités de terrains, personnel, etc., résultent des pièces qui sont transmises par le préfet à l'agent-voyer en chef ou des renseignements que ce dernier a en sa possession.

La situation de chaque entrepreneur est complétée au moyen d'un tableau faisant connaître les certificats pour paiement délivrés sur les exercices antérieurs.

Tableau J. Ce tableau contient le *décompte des prestations en nature* comprises dans les états d'emploi mis, chaque mois, à exécution. Les renseignements nécessaires à cet effet sont compris dans l'état mensuel des agents-voyers d'arrondissement. (*V.* modèle n° 68.)

Au moyen de ces divers tableaux, l'agent-voyer en chef a constamment, sur son livre de comptabilité, la situation du service des chemins vicinaux de grande communication.

La comptabilité des agents-voyers d'arrondissement est moins compliquée. Leur livre (*V.* modèle n° 67) peut se composer ainsi qu'il suit :

Tableau A. Ce tableau n'est que la reproduction, en ce qui concerne les lignes de chaque arrondissement, du tableau compris dans le livre de comptabilité de l'agent-voyer en chef, sous la même lettre A. Il indique, à l'agent-voyer d'arrondissement, les limites que les dépenses de chaque ligne ne doivent point dépasser.

Tableau B. Pour s'assurer que les dépenses n'excèdent jamais les crédits, l'agent-voyer d'arrondissement doit ouvrir un compte à chaque crédit, c'est-à-dire, à chaque ligne. Comme il n'a pas à s'occuper du paiement, il porte sur ce compte la totalité des crédits en argent qui lui ont été notifiés. Il y indique ensuite les dépenses, d'après les comptes auxiliaires dont nous allons parler.

Tableaux C, D, E. Les *comptes auxiliaires*, ouverts, ainsi que nous l'avons dit à l'égard de la comptabilité de l'agent-voyer en chef, pour chaque entreprise et pour chaque espèce de dépense, établissent la situation des dépenses comparativement aux paiements.

Ainsi que l'administration l'a prescrit aux ingénieurs en chef des ponts et chaussées, les agents-voyers en chef doivent faire connaître aux agents-voyers d'arrondissement les certificats pour paiement qu'ils ont délivrés. Toutefois, dans plusieurs départements, les mandats étant remis par le préfet à l'ingénieur en chef, et celui-ci les transmettant aux ingénieurs ordinaires, qui les font tenir aux parties prenantes, ces derniers ont ainsi connaissance des paiements, et les certificats ne leur sont pas notifiés. Ce mode de procéder nous paraît présenter plusieurs avantages. Dans le cas où on le suivrait, il suffirait de remplacer sur nos modèles les mots : *certificats pour paiement*, par ceux-ci : *mandats de paiement*.

Tableaux F. Ce tableau contient le décompte des prestations en nature : c'est le relevé, par mois et par ligne vicinale, des notes prises par les agents-voyers, lors de la mise à exécution des états d'emploi.

Le préfet, pour demander l'ordonnancement des fonds communaux et particuliers, et pour connaître, d'ailleurs, la marche du service, a besoin de se faire rendre compte, à des époques rapprochées, des dépenses effectuées sur les crédits, soit en argent, soit en prestations, affectés aux chemins vicinaux de grande communication.

Dans ce but, chaque agent-voyer d'arrondissement doit remettre, au commencement de chaque mois, à l'agent-voyer en chef, un état des dépenses faites pour le service des chemins vicinaux de grande communication de son arrondissement, pendant le mois précédent et les mois antérieurs. Cet état présente, pour comparaison, le montant des crédits, ainsi que le montant des certificats pour paiement ou des mandats délivrés ; il fait connaître également l'emploi des prestations en nature. (*V.* modèle n° 68.)

L'agent-voyer en chef relève les renseignements contenus dans cet état, sur un autre état qu'il remet au préfet. Il y ajoute la situation des dépenses du personnel et de toutes autres dépenses, et donne la balance des certificats pour paiement délivrés avec les dépenses faites (*V.* modèle n° 69). Cette balance est utile pour mettre le préfet en mesure de juger si les dépenses sont certifiées régulièrement par l'agent-voyer en chef.

L'état de situation de décembre fait connaître le montant, sauf rectifications, des dépenses de l'année et de l'exercice. Au mois de j-nvier, on n'a donc plus à fournir un état des dépenses de l'année précédente, puisque ces dépenses ne doivent plus augmenter. Un autre exercice a commencé, c'est sur celui-là seul qu'on peut dépenser, et c'est de cet exercice qu'on doit donner la situation. Mais les dépenses de l'année écoulée ne sont point soldées, et le paiement peut en avoir lieu encore pendant plusieurs mois ; il convient que le préfet sache si l'agent-voyer en chef en presse la liquidation et délivre ses certificats, de manière à ce qu'elles soient entièrement acquittées à la clôture de l'exercice. La balance des certificats pour paiement avec les dépenses faites, placée à la fin de l'état mensuel, remplissant cette destination, l'agent-voyer en chef doit continuer à la fournir jusqu'au terme accordé pour l'ordonnancement des dépenses, c'est-à-dire, jusqu'au mois de septembre inclusivement. (*V.* modèle n° 70.)

Ainsi que nous l'avons déjà dit, après le 31 décembre, il ne peut plus être fait de dépenses sur les fonds de l'exercice de l'année qui vient de s'écouler, et, dès cette époque, le compte en pourrait être clos, si le montant exact des sommes qu'il doit exprimer pouvait être rigoureusement connu alors ; mais on conçoit qu'un délai est nécessaire pour que la liquidation des dépenses soit obtenue définitivement, et pour que le compte en soit rendu. L'administration des ponts et chaussées à fixé le 1er mai pour l'époque de la présentation, par les ingénieurs en chef, du compte final et récapitulatif : nous pensons que le même délai doit être accordé aux agents-voyers en chef.

Ce compte final, rendu par l'agent-voyer en chef, a pour base des situations détaillées qui doivent lui être fournies par les agents-voyers d'arrondissement (*V.* modèle n° 71). Le modèle que nous donnons, pris sur celui de l'administration des ponts et chaussées, nous dispensera d'entrer dans des explications à cet égard. On remarquera que les *comptes auxiliaires* du livre de comptabilité de l'agent-voyer d'arrondissement (*V.* modèle n° 67), contiennent les éléments des décomptes placés dans l'*état de situation définitive.* Par la récapitulation qui termine cet état, on obtient la comparaison des dépenses avec les crédits.

Il est quelques crédits, comme ceux qui sont affectés aux dépenses du personnel, dont l'agent-voyer en chef seul a la disposition, et dont par conséquent, il doit seul rendre compte. Tel est l'objet du modèle n° 72.

Pour dresser son *compte final et récapitulatif* (*V.* modèle n° 73), l'agent-voyer en chef n'a qu'à résumer les états de situation définitive que lui remettent les agents-voyers d'arrondissement, et le sien, quant aux dépenses dont il rend particulièrement compte. Il ajoute à ce résumé la distinction des crédits en subvention départementale et en subventions communales et particulières, et l'imputation des dépenses sur chaque nature de subvention.

On peut, pour établir la situation des travaux exécutés par prestation, adopter des formules analogues à celles que nous venons d'indiquer pour les travaux effectués au moyen des ressources en argent. Ainsi, chaque agent-voyer d'arrondissement présentera un *état de situation définitive,* faisant connaître, et les journées de prestations employées, et les travaux qu'elles ont produits (*V.* modèle n° 74), et l'agent-voyer en chef en donnera la récapitulation pour tout le département. (*V.* modèle n° 75).

Les états de situation définitive des agents-voyers d'arrondissement, l'état particulier et les comptes récapitulatifs de l'agent-voyer en chef, après avoir été vérifiés par le préfet, doivent être soumis au conseil général (1). M. le ministre de l'intérieur a recommandé (2) à MM. les préfets d'en faire imprimer ensuite le résumé, et de l'adresser aux maires et aux associations de souscripteurs. Nous ne donnerons pas de modèle de ce résumé, dont la forme est susceptible de grandes variations.

(1) Instruction du 24 juin 1836, page 69.

(2) *Idem.*

CHAPITRE V.

De la police des chemins vicinaux de grande communication.

Excepté ce qui concerne les alignements, tout ce que nous avons dit (1) à l'égard de la police des chemins vicinaux s'applique aux chemins vicinaux de grande communication.

C'est au préfet, en vertu de l'art. 9 de la loi du 21 mai 1836, qu'il appartient de donner alignement sur les chemins vicinaux de grande communication (2). Nous pensons qu'il suffit que ses arrêtés soient précédés de la proposition de l'agent-voyer en chef.

Rappelons que les rues qui sont la prolongation des chemins vicinaux de grande communication, dans les traverses des communes, font partie intégrante de ces chemins, et sont soumises au mêmes règles (3). Il faut remarquer, du reste, que lorsque les alignements des rues ont été fixés par des plans, homologués par ordonnances royales, c'est d'après ces plans que les alignements doivent être donnés (4).

Par sa circulaire du 12 août 1839, M. le ministre de l'intérieur a invité M. les préfets à consulter les conseils généraux sur l'opportunité de l'application de la police du roulage aux chemins vicinaux de grande communication ; il n'est pas douteux que cette application ne procure les résultats les plus avantageux.

(1) Page 45.

(2) Instruction du 24 juin 1836, page 110.

(3) Avis du conseil d'état du 25 janvier 1837, transmis avec la circulaire du 19 août 1837.

(4) Même circulaire.

[Modèle n° 1er.]

Département d

ARRONDISSEMENT
d

CANTON
d

COMMUNE
d

TABLEAU
DE
CLASSEMENT DES CHEMINS VICINAUX.

NUMÉRO D'ORDRE.	NOM sous lequel LE CHEMIN est communément désigné.	DÉSIGNATION DU POINT où il commence sur le territoire de la commune.	des LIEUX QU'IL TRAVERSE dans la commune, tels que hameaux, ruisseaux guéables, ponts, etc., etc.	DU LIEU où il se termine sur le territoire de la commune.	LONGUEUR en mètres sur le territoire de la commune.	LARGEUR MOYENNE actuelle DU CHEMIN EN MÈTRES. *Nota.* — Si dans son parcours, il y avait de grandes différences de largeur, on les indiquerait.
1	2	3	4	5	6.	7

LARGEUR qu'il serait nécessaire de donner au chemin, ET QUE PROPOSENT			LARGEUR fixée par le Préfet.	AVIS DU CONSEIL MUNICIPAL SUR LES QUESTIONS SUIVANTES : 1° S'il y a lieu de maintenir ou de classer le chemin au nombre des chemins vicinaux de la commune ; 2° S'il y a lieu de ne pas le maintenir ou de ne pas le classer parmi les chemins vicinaux, comme n'étant point d'une utilité générale. 3° S'il y a lieu de le supprimer entièrement	AVIS DU SOUS-PRÉFET.
le Maire.	le conseil municipal.	le sous-Préfet.			
8	9	10	11	12	13

Certificat de publication du tableau.

Le Maire de la commune d , certifie que le tableau d'autre part est resté déposé pendant un mois à la mairie, et que deux dimanches consécutifs, les habitans ont été prévenus, dans la forme accoutumée, qu'ils pouvaient en prendre connaissance à la mairie, et y déposer, dans le même délai, les réclamations et observations qu'ils auraient à faire.

Fait à le 18

Délibération du conseil municipal.

L'an et le du mois d

Le conseil municipal de la commune d , convoqué en exécution de la circulaire du Préfet, du , se sont trouvés présens, MM.

Le Maire a déposé sur le bureau, 1° le tableau de classification des chemins appartenant à ladite commune et de reconnaissance de leurs limites et largeur; 2° les réclamations et observations auxquelles sa publication a donné lieu.

Le conseil, après avoir délibéré sur chacun des articles dudit tableau, ainsi que sur les réclamations et observations faites;

Considérant

Estime qu'il y a lieu de déclarer chemins vicinaux ceux portés sous les n^{os} , et de fixer leur largeur conformément aux indications portées à la colonne 9; il demande en même temps que les observations et propositions consignées dans la colonne 12 soient prises en considération.

Fait en séance, à , les jour, mois et an susdits.

Avis du Sous-Préfet.

Le Sous-Préfet de l'arrondissement d

Vu le tableau d'autre part, le certificat de publication du Maire, les réclamations et observations faites, ainsi que la délibération du conseil municipal;

Considérant

Est d'avis qu'il y a lieu d'arrêter le tableau des chemins vicinaux de la commune d , conformément aux propositions consignées par lui, dans la 13e colonne dudit tableau.

Fait à le 18

Arrêté du Préfet.

Le Préfet du département d

Vu la loi du 6 octobre 1791, l'arrêté du directoire du 23 messidor an v, les lois du 9 ventôse an XIII, du 28 juillet 1824 et du 21 mai 1836, et l'instruction ministérielle du 24 juin suivant;

Vu le tableau dressé des chemins appartenant à la commune d

Vu le certificat de publication ci-dessus;

Vu les réclamations et observations faites au sujet dudit tableau, ensemble la délibération du conseil municipal et l'avis du Sous-Préfet;

Considérant

Arrête : les chemins portés au tableau d'autre part, sous les nos , sont déclarés chemins vicinaux, et la largeur que chacun de ces chemins doit avoir est fixée conformément aux indications portées dans la colonne 11. Il sera statué ultérieurement sur les propositions du conseil municipal à l'égard des chemins qui ne sont pas déclarés vicinaux.

Fait à le 18

[MODÈLE N° **2.**]

CHEMINS VICINAUX.

Cession de droit de propriété sur le sol d'un chemin vicinal.

COMMUNE d

Du

Nous, PRÉFET du département d
Séant en conseil de préfecture où étaient présents MM.

Vu :

1°. Notre arrêté du portant reconnaissance du chemin vicinal de à , dépendant de la commune de , et fixation de la largeur de ce chemin à mètres ;

2°. La délibération du conseil municipal de , en date du , contenant l'acceptation de l'offre faite par le sieur de céder les droits qu'il prétend avoir sur le sol du chemin ci-dessus désigné, moyennant la somme de ;

3°. Le procès-verbal d'estimation en date du

4°. L'avis de M. le sous-préfet de

5°. L'art. 10 de la loi du 28 juillet 1824 et l'art. 46 de la loi du 18 juillet 1837 ;

L'avis du conseil de préfecture entendu ;

Considérant

AVONS ARRÊTÉ ce qui suit :

Art. 1er. La commune de est autorisée à acquérir du sieur moyennant la somme de , tous les droits que ce particulier peut avoir sur le sol du chemin vicinal de à .

Art. 2. Il sera, entre M. le maire de la commune d et le sieur passé acte devant notaire de l'acquisition autorisée. Cet acte, dans lequel le présent arrêté sera transcrit en entier, sera soumis, en minute et avant l'enregistrement, à notre approbation.

Art. 3. M. le sous-préfet de est chargé de l'exécution du présent arrêté.

Fait à , lesdits jour et an.

[Modèle n° 3.]

CHEMINS VICINAUX.

Elargissement d'un chemin vicinal.

COMMUNE d

Du

Nous, Préfet du département d ,

Vu la délibération du conseil municipal de la commune d , en date du par laquelle il propose de porter à mètres la largeur du chemin vicinal d à , lequel n'a qu'une largeur de mètres ;

Vu le plan de ce chemin, dressé par le sieur , indiquant la situation et la contenance des parcelles de terrain dont l'acquisition est nécessaire pour l'élargissement;

Vu le procès-verbal d'estimation desdites parcelles de terrain ;

Vu le tableau des chemins vicinaux de la commune d ;

Vu l'avis de M. le sous-préfet d

Vu les articles 15 et 17 de la loi du 21 mai 1836, et l'instruction ministérielle du 24 juin suivant ;

Considérant

Arrêtons ce qui suit :

Art. 1er. La largeur du chemin vicinal de la commune de dit de à , est fixée à mètres.

Art. 2. Le sol nécessaire à l'élargissement sera pris sur les pièces de terre indiquées par la couleur au plan ci-dessus visé.

Art. 3. Les indemnités à payer par la commune seront réglées entre M. le maire et les propriétaires intéressés. S'il y a accord, les conditions arrêtées seront soumises à l'acceptation du conseil municipal, dont la délibération nous sera adressée en double expédition, avec l'engagement écrit des propriétaires.

Si les indemnités ne peuvent être réglées à l'amiable, il

nous en sera rendu compte, afin que nous en provoquions la fixation par le juge de paix, conformément à l'art. 17 de la loi du 21 mai 1836.

Art. 4. M. le sous-préfet de est chargé de l'exécution du présent arrêté.

Fait à , lesdits jour et an.

[MODÈLE N° 4.]

CHEMINS VICINAUX.

Redressement d'un chemin vicinal.

COMMUNE

d

Du

NOUS, PRÉFET du département de

Vu :

1°. La délibération du conseil municipal de la commune d , en date du , par laquelle il propose de redresser le chemin vicinal de à , de manière à traverser des propriétés appartenant à

2°. L'engagement souscrit par lesdits propriétaires de céder les terrains nécessaires pour opérer ce redressement, moyennant la somme totale de ;

3°. Le plan des lieux, dressé par le sieur le , duquel il résulte que la partie de chemin figurée en jaune et marquée B sera remplacée par les terrains lavés en rose et marqués A, dont l'étendue superficielle est de ares centiares;

4°. Le procès-verbal d'estimation de ces terrains;

5°. Le tableau des chemins vicinaux de la commune de , approuvé le

6°. L'avis de M. le sous-préfet de

7°. L'art. 16 de la loi du 21 mai 1836;

Considérant

ARRÊTONS ce qui suit :

Art. 1er. Le redressement du chemin vicinal de à , voté par le conseil municipal, par délibération du , est autorisé selon le tracé lavé en rose au plan sus-relaté.

Art. 2. La partie du chemin actuel figurée en jaune audit plan est déclassée pour être supprimée.

Néanmoins, cette partie sera conservée jusqu'à ce que le nouveau chemin soit livré à la circulation.

Art. 3. M. le sous-préfet de l'arrondissement de est chargé de l'exécution du présent arrêté.

Fait à , lesdits jour et an.

[MODÈLE N° 5.]

CHEMINS VICINAUX.

Acquisition de terrains pour redressement d'un chemin vicinal.

COMMUNE

d

Du

NOUS, PRÉFET du département d

Séant en conseil de préfecture, où étaient présents MM.

Vu :

1°. Notre arrêté en date du par lequel nous avons autorisé le redressement du chemin vicinal de à , dépendant de la commune d , de manière à occuper, sur une étendue superficielle de ares centiares, un terrain appartenant à

2°. La délibération du conseil municipal, du , par laquelle ce redressement est proposé, ainsi que l'acquisition, moyennant , du terrain appartenant au sieur

3°. L'engagement souscrit par ledit sieur de céder les ares centiares dont il s'agit, moyennant la somme de

4°. Le procès-verbal d'estimation en date du ,

portant que cette parcelle de terrain est d'une valeur de

5°. Le plan des lieux dressé par le sieur le

6°. Le tableau des chemins vicinaux de la commune de approuvé le ;

7°. L'avis de M. le sous-préfet de ;

8°. L'art. 10 de la loi du 28 juillet 1824 et l'art. 46 de la loi du 18 juillet 1837 ;

L'avis du conseil de préfecture entendu;

Considérant

AVONS ARRÊTÉ ce qui suit ;

Art. 1er. La commune de est autorisée à acquérir du sieur , moyennant la somme de , la quantité de ares centiares de terrain destinés au redressement du chemin vicinal de à

Art. 2. Il sera, entre le maire, au nom de la commune d , d'une part, et le sieur , d'autre part, passé acte devant notaire de l'acquisition autorisée. Cet acte, en tête duquel on rapportera le présent arrêté, sera soumis, en minute et avant l'enregistrement, à notre approbation.

Art. 3. Le prix d'acquisition ne sera payé qu'après l'accomplissement de la purge des priviléges et des hypothèques.

Art. 4. M. le sous-préfet de l'arrondissement de est chargé de l'exécution du présent arrêté.

Fait à , lesdits jour et an.

[Modèle n° 6.]

CHEMINS VICINAUX.

Échange de terrains pour redressement d'un chemin vicinal.

COMMUNE

d

Du

Nous, Préfet du département de

Séant en conseil de préfecture, où étaient présents MM.

Vu :

1°. Notre arrêté en date du par lequel nous avons autorisé le redressement du chemin vicinal de à , dépendant de la commune de , de manière à occuper ares centiares de terrain appartenant à , et supprimé la partie de chemin devenue inutile par suite de ce redressement, laquelle est de la contenance de ares centiares ;

2°. La délibération du conseil municipal d , par laquelle ledit redressement a été proposé, ainsi que l'échange de la partie de chemin supprimée, contre le terrain servant à l'ouverture du nouveau tracé, appartenant au sieur ;

3°. L'adhésion dudit sieur ;

4°. Le procès-verbal d'estimation en date du , portant la valeur de la partie de chemin supprimée à , et celle du terrain du sieur à

5°. Le plan des lieux dressé par le sieur le ;

6°. Le procès-verbal d'enquête *de commodo vel incommodo*, rédigé le par M. le juge de paix du canton de , commissaire administratif nommé par nous, constatant

7°. Le tableau des chemins vicinaux de la commune de approuvé le

8°. L'avis de M. le sous-préfet de

9°. L'art. 10 de la loi du 28 juillet 1824 et l'art. 46 de la loi du 18 juillet 1837 ;

L'avis du conseil de préfecture entendu ;

Considérant

Avons arrêté ce qui suit :

Art. 1er. La commune de est autorisée à céder à un terrain de ares centiares, provenant du chemin vicinal de à , et à recevoir, à titre d'échange, dudit sieur la quantité de ares centiares de terrain qui servira au redressement du même chemin.

Art. 2. Il sera, entre le maire de la commune d , d'une part, et le sieur , d'autre part, passé acte, devant notaire, de l'échange autorisé. Cet acte, dans lequel le présent arrêté sera transcrit en entier, sera soumis, en minute et avant l'enregistrement, à notre approbation.

Art. 3. Le sieur n'entrera en jouissance de la portion de terrain, qui lui sera cédée, que lorsque le nouveau chemin sera livré à la circulation, et que le terrain à donner par lui en échange, aura été purgé de tous privilèges et hypothèques

Art. 4. M. le sous-préfet de l'arrondissement de est chargé de l'exécution du présent arrêté.

Fait à , lesdits jour et an.

[Modele n° 7.]

CHEMINS VICINAUX.

Redressement d'un chemin vicinal.

COMMUNE d

Du

Nous, Préfet du département d

Vu :

1°. La délibération du conseil municipal de , en date du , par laquelle il demande que le chemin vicinal de à soit redressé, selon le plan levé par le sieur , le , de manière que la partie du chemin figurée en jaune et marquée B, d'une longueur de , soit remplacée par les terrains lavés en rose et marqués A, dont l'étendue en longueur est de ;

2°. Le plan ci-dessus mentionné ;

3°. Le procès-verbal d'estimation des terrains dont l'acquisition sera nécessitée par le changement proposé ;

4°. Le tableau de reconnaissance des chemins vicinaux de la commune de , approuvé le ;

5°. L'avis de M. le sous-préfet de l'arrondissement de , du ;

6°. L'art. 16 de la loi du 21 mai 1836, sur les chemins vicinaux, et la loi du 7 juillet 1833, sur les expropriations pour cause d'utilité publique;

Considérant

Arrêtons ce qui suit :

Art. 1er. Le redressement du chemin vicinal de à selon le plan sus-relaté, est autorisé et est déclaré d'utilité publique.

Art. 2. Après l'accomplissement des formalités prescrites par les art. 4, 5, 6 et 7 de la loi du 7 juillet 1833, le plan parcellaire et les autres pièces nous seront adressés, pour qu'il soit statué par nous conformément aux art. 11 et 12 de ladite loi.

Art. 3. M. le sous-préfet de est chargé de l'exécution du présent arrêté.

Fait à , lesdits jour et an.

[Modèle n° 8.]

CERTIFICAT de publication de dépôt de plan parcellaire.

Le maire de la commune de certifie avoir, le , fait publier à son de caisse, dans toute l'étendue de ladite commune, et afficher, tant à la principale porte de l'église qu'à celle de la maison commune, un avertissement portant que le plan parcellaire des terrains, dont l'acquisition est nécessaire pour le redressement du chemin vicinal de à sur le territoire de , resterait déposé à la mairie pendant huit jours, et que les parties intéressées pourraient en prendre connaissance et faire leurs réclamations ou leurs observations.

A le 18

[Modèle n° 9.]

PROCÈS-VERBAL

Constatant les réclamations et les observations faites relativement au projet de redressement du chemin vicinal de à , sur le territoire de la commune de

L'an mil huit cent le

Nous, maire de la commune d , conformément aux instructions contenues dans la lettre de M. le préfet, du , et en exécution de l'art. 7 de la loi du 7 juillet 1833, avons ouvert le présent procès-verbal, à l'effet de constater les réclamations et les observations qui nous seraient faites relativement au projet de redressement du chemin vicinal de à sur le territoire de la commune de , selon le plan parcellaire dont nous avons fait annoncer aujourd'hui le dépôt à la mairie.

Cejourd'hui , a comparu le sieur , lequel a dit

Et, après lecture faite, il a signé.

Et personne ne s'étant plus présenté, nous avons clos ce procès-verbal cejourd'hui , huit jours après la publication sus-énoncée du dépôt de plan parcellaire.

[Modèle n° **10**.]

CHEMINS VICINAUX.

COMMUNE

d

Redressement d'un chemin vicinal.

Désignation de terrains à acquérir.

Du

Nous, Préfet du département d

Séant en conseil de préfecture, où étaient présents MM.

Vu :

1°. Notre arrêté du par lequel nous avons autorisé le redressement du chemin vicinal de à , dépendant de la commune de ;

2°. Le plan parcellaire dressé le par , indiquant les terrains à acquérir pour opérer ce redressement ;

3°. Le certificat de M. le maire de la commune de , en date du , constatant le dépôt et les publications prescrites par l'art. 6 de la loi du 7 juillet 1833 ;

4°. Les numéros des journaux , du , contenant l'annonce du dépôt du plan parcellaire,

5°. Le procès-verbal ouvert à la mairie de , le duquel il résulte

6°. L'avis du conseil municipal de   exprimé dans sa délibération du   ;

7°. L'avis de M. le sous-préfet de   , en date du   ;

8°. Les dispositions du titre 2 de la loi du 7 juillet 1833, sur l'expropriation pour cause d'utilité publique;

L'avis du conseil de préfecture entendu;

Considérant

Avons arrêté ce qui suit :

Art. 1er. Les terrains désignés par un tracé *rose* au plan parcellaire ci-dessus visé, seront cédés à la commune de   , pour le redressement du chemin vicinal de   à   .

Art. 2. La prise de possession aura lieu aux époques fixées par les conventions amiables, ou aussitôt que l'expropriation sera consommée.

Art. 3. Le maire de la commune de   est chargé de l'exécution du présent arrêté.

Fait à   , lesdits jour et an.

[Modèle n° 11.]

CHEMINS VICINAUX.

Acquisition amiable de terrains pour redressement d'un chemin vicinal.

COMMUNE

d

Du

Nous, Préfet du département d

Séant en conseil de préfecture, où étaient présents MM.

Vu :

1°. Notre arrêté en date du par lequel nous avons autorisé le redressement du chemin vicinal de à , dépendant de la commune de ;

2°. Notre arrêté du , portant désignation, comme devant être occupé pour opérer ledit redressement, d'un terrain de ares centiares, appartenant à ;

3°. Toutes les pièces visées dans nos arrêtés sus-mentionnés ;

4°. L'engagement souscrit par le sieur de céder les ares centiares ci-dessus désignés, moyennant la somme de , et le consentement au paiement de ce prix par le conseil municipal de la commune de ;

5°. L'avis de M. le sous-préfet de ;

6°. L'art. 10 de la loi du 28 juillet 1824 et l'art. 46 de la loi du 18 juillet 1837 ;

L'avis du conseil de préfecture entendu ;

Considérant

Avons arrêté ce qui suit :

Art. 1er. La commune de est autorisée à acquérir du sieur moyennant la somme de ares centiares de terrain destinés au redressement du chemin vicinal de à

Art. 2. L'acte d'acquisition, dans lequel sera transcrit en entier le présent arrêté, sera soumis, en minute et avant l'enregistrement, à notre approbation.

Art. 3. M. le sous-préfet de est chargé de l'exécution de cet arrêté.

Fait à , lesdits jour et an.

[Modèle n° **12**.]

CHEMINS VICINAUX.

Déclassement d'un chemin vicinal.

COMMUNE
d

Du

Nous, Préfet du département de

Vu :

1°. La proposition faite par de déclasser le chemin vicinal de à dépendant de la commune d ;

2°. Le certificat de M. le maire de cette commune, daté du , constatant que ladite proposition a été déposée à la mairie pendant un mois, et que les habitants ont été invités à fournir leurs observations à ce sujet ;

3°. Les observations et les réclamations provoquées par cette invitation ;

4°. La délibération du conseil municipal, de la même commune de en date du , portant

5°. Les délibérations des conseils municipaux des communes de , portant

6°. L'avis de M. le sous-préfet de

7° Le tableau des chemins vicinaux de la commune de , approuvé le

8° La loi du 6 octobre 1791, l'arrêté du directoire du 23 messidor an v, et les lois du 9 ventôse an xiii, du 28 juillet 1824 et du 21 mai 1836 ;

Arrêtons ce qui suit :

Art. 1er. La qualité de chemin vicinal est ôtée au chemin de à sur le territoire de la commune d

Art. 2. Il sera statué ultérieurement par nous, d'après la proposition du conseil municipal, sur le maintien de ce chemin comme voie d'exploitation, ou sur sa suppression.

Fait à , lesdits jour et an.

[MODÈLE N° **13.**]

CHEMINS VICINAUX.

Aliénation de terrains retranchés de la vicinalité.

COMMUNE

d

Du

Nous, PRÉFET du département d

Séant en conseil de préfecture, où étaient présents MM.

Vu :

1°. Notre arrêté du , par lequel nous avons retranché des chemins vicinaux de la commune d le chemin de à ; ensemble les pièces y visées ;

2°. La délibération du conseil municipal en date du , contenant la proposition de vente du sol de ce chemin ;

3°. Le plan du sol dudit chemin, dressé par le ;

4°. Le procès-verbal d'estimation du même terrain, en date du ;

5°. Le procès-verbal d'enquête de *commodo vel incommodo*, rédigé le par , commissaire par nous délégué, constatant ;

6°. L'avis de M. le sous-préfet de ;

7°. L'art. 10 de la loi du 28 juillet 1824, l'art. 46 de la loi du 18 juillet 1837, et l'art. 19 de celle du 21 mai 1836;

L'avis du conseil de préfecture entendu ;

Considérant

AVONS ARRÊTÉ ce qui suit :

Art. 1er. La commune de est autorisée à aliéner ares centiares de terrain provenant du chemin vicinal supprimé de à .

Art. 2. Les propriétaires riverains seront mis en demeure de faire leur soumission de s'en rendre acquéreurs; dans le cas où ils n'auraient pas soumissionné dans le délai qui leur sera indiqué, le terrain sera vendu aux enchères publiques, devant notaire, et après publications et affiches.

Art. 3. Les actes de vente qui seront passés contiendront la transcription du présent arrêté; ils seront soumis, en minute et avant l'enregistrement, à notre approbation.

Art. 4. M. le sous-préfet de est chargé de l'exécution du présent arrêté.

Fait à , lesdits jour et an.

[Modèle n° 14.]

DÉPARTEMENT
d

ARRONDISSEMENT
d

CANTON
d

COMMUNE
d

CHEMINS VICINAUX.

Exercice 18

EXTRAIT

du Registre des Délibérations du Conseil municipal.

L'an mil huit cent , le mai, le conseil municipal de la commune d , s'est réuni en session ordinaire.

Étaient présents MM.

M. l[a] a donné connaissance des articles du réglement, en date du , rédigé pour l'exécution de la loi du 21 mai 1836, sur les chemins vicinaux, et il a invité le conseil municipal à délibérer sur les ressources à voter pour subvenir aux dépenses de ces chemins, en général, pendant l'année 18 .

Le conseil municipal, après en avoir délibéré, a voté à cet effet :

1°. Le prélèvement sur les revenus ordinaires d'une somme de qu'il a, à l'instant, portée au budget de 18 , chapitre 1er, article ;

2°. [b] journée de prestation à fournir par les hommes, les chevaux, les bœufs, les mulets, les ânes et les voitures, conformément à l'article 3 de la loi du 21 mai 1836, et à l'article du réglement du ;

3°. [c] centimes spéciaux additionnels au principal des quatre contributions directes de 18 , ainsi que l'autorise l'article 2 de la loi du 21 mai 1836 ;

4°. Le prélèvement sur les fonds libres de la caisse

(a) Maire ou adjoint.

(b) Une, deux ou trois

(c) Au plus cinq.

municipale, provenant d'excédants ou de recettes extraordinaires, d'une somme de , laquelle somme a été aussitôt portée au budget de 18 , chapitre , article .

(Si la commune est appelée à contribuer aux dépenses d'un ou de plusieurs chemins vicinaux de grande communication, la partie suivante de la délibération devra être remplie.)

Et, attendu que la commune a été désignée par le conseil général pour contribuer aux dépenses d chemin vicina de grande communication

Le conseil municipal, après avoir entendu la lecture de lettre de M. le préfet, portant notification à M. le maire d contingent assigné à la commune dans les dépenses d dit chemin , en 18 , a déclaré affecter sur les ressources votées ci-dessus :

Pour le chemin vicinal de grande communication n°

1°. Sur les revenus ordinaires (chap. 1er, art. du budget), la somme de. . . . .

2. Sur les prestations, de préférence sur celles qui seront exigibles en argent, ci. . . . .

3°. Sur les centimes spéciaux, ci. . . . .

4°. Sur les recettes extraordinaires (chap. , art. du budget), ci. . . . .

Total égal au contingent. . . .

Pour le chemin vicinal de grande communication n°

1°. Sur les revenus ordinaires (chap. 1er, art. du budget), la somme de. . . . .

2°. Sur les prestations, de préférence sur celles qui seront exigibles en argent, ci. . . . .

3°. Sur les centimes spéciaux, ci. . . . .

4°. Sur les recettes extraordinaires (chap , art. du budget), ci. . . . .

Total égal au contingent. . . .

Attendu que l lettre de M. le préfet porte que l contingent pour le chemin vicina de grande communication n° n fixé que provisoirement et qu'il susceptible d'être augmenté ou diminué suivant la valeur réelle des prestations et des centimes spéciaux portés aux rôles, le conseil municipal a consenti que M. le préfet opérât l'augmentation ou la diminution sur celles des ressources ci-dessus affectées qu'il lui paraîtra convenable de choisir.

Fait à lesdits jour et an.

Et les membres du conseil municipal, présents, ont signé au registre.

Pour extrait conforme :

LE MAIRE,

Avis de M. le Sous-Préfet.

Préfecture

d

—

Vu et APPROUVÉ :

La commune acquittera la portion des dépenses mises à sa charge au moyen des ressources dont suit la fixation définitive.

Pour le chemin vicinal de grande communication n°

Revenus ordinaires . . . .
Prestations. . . . .
Centimes spéciaux. . . . .
Recettes extraordinaires. . . . .

. . . . .

Pour le chemin vicinal de grande communication n°

Revenus ordinaires . . . .
Prestations. . . . .
Centimes spéciaux. . . . .
Recettes extraordinaires . . . .

. . . . .

Ces ressources seront réservées pour le chemin vicina de grande communication ci-dessus désigné , et ne seront employées que sur notre réquisition.

A le

Le Préfet,

[Modèle n° 15.]

CHEMINS VICINAUX.

Frais de matrices, rôles, etc.

Exercice 18

Du

Nous, Préfet du département de

Vu :

1°. L'état qui précède, indiquant les sommes dues par des communes pour frais de confection des matrices, rôles et avertissements concernant le service des prestations pour les chemins vicinaux, en 18 ;

2°. L'état du montant des rôles de prestation, dressé le , par le directeur des contributions directes, et approuvé par nous le ;

3°. Les circulaires ministérielles des 12 septembre 1836, 26 février et 14 juin 1838, relatives à la confection et aux frais des matrices, rôles et avertissements pour prestations, et celles des 25 novembre 1836 et 17 janvier 1837, concernant la régularisation du service des fonds de cotisations municipales;

Arrêtons ce qui suit :

Les sommes portées dans l'état qui précède, et s'élevant ensemble à seront centralisées, dans le délai de deux mois à partir de ce jour, à la caisse du receveur général des finances du département, au compte des fonds de cotisations municipales, art. 5 de la nomenclature intitulé : « *Fonds destinés aux frais de confection » des matrices, rôles et avertissements pour le service des » prestations concernant les chemins vicinaux.* »

Fait à , lesdits jour et an.

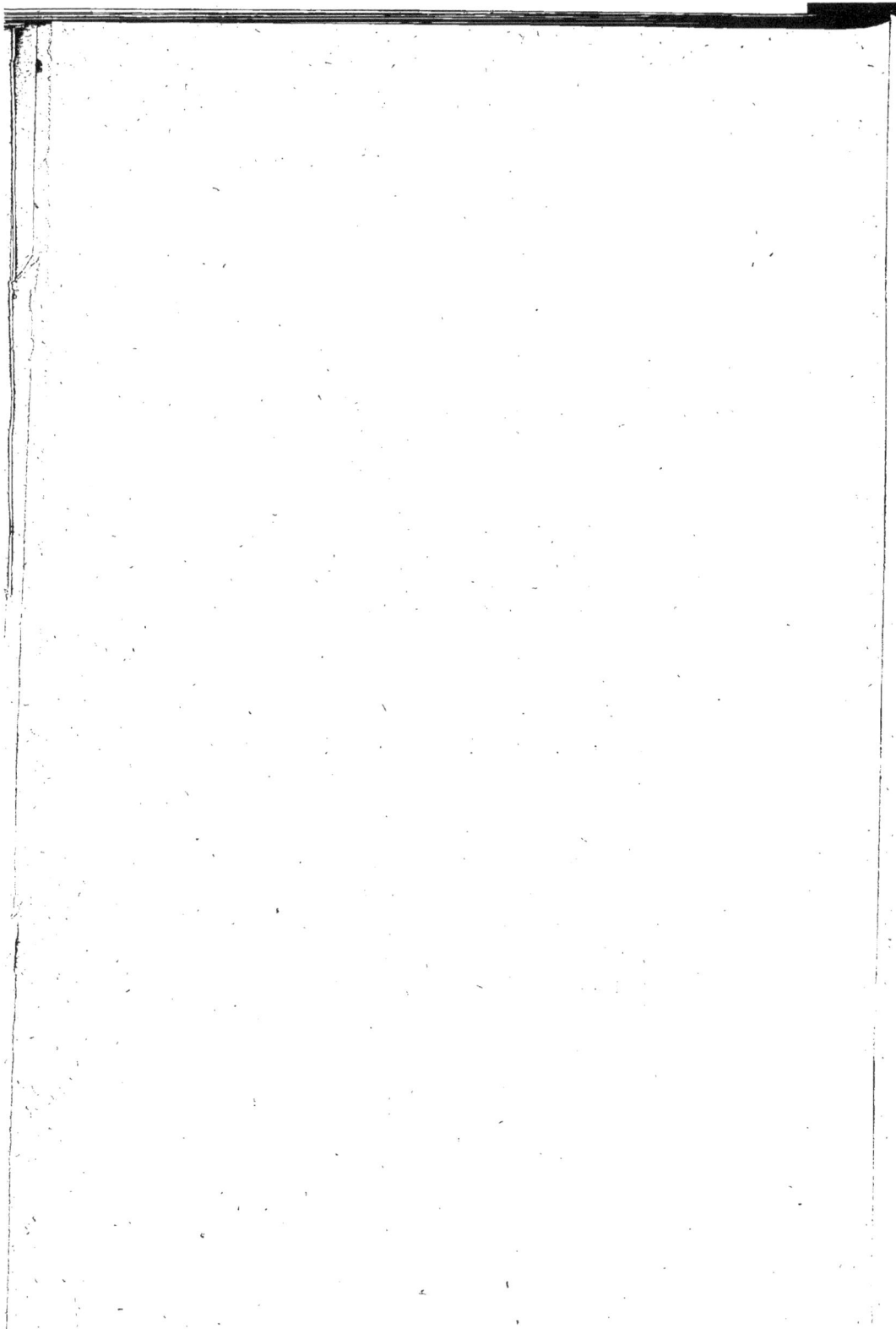

[Modèle n° 16.]

DÉPARTEMENT
d

ARRONDISSEMENT
d

CANTON
d

Nota.

Les colonnes de 1 à 9 doivent être remplies par le Percepteur-Receveur municipal, conformément aux indications portées tant sur son rôle que sur l'état des déclarations, tenu par le Maire. Les autres colonnes seront remplies dans la commune au fur et à mesure des travaux.

NOMBRE
DE JOURNÉES

Votées. . . . .

Imposées d'office. .

COMMUNE d

Exercice 18

PERCEPTION
d

Loi du 21 mai 1836.

Art. du règlement du

EXTRAIT
DU
ROLE DE PRESTATIONS
POUR TRAVAUX AUX CHEMINS VICINAUX,

Rédigé en exécution de , et rendu exécutoire par le Préfet, le 18 *, ledit extrait comprenant dans sa première partie, le nom des contribuables qui ont déclaré vouloir acquitter leur taxe* en nature, *et, dans sa seconde partie, le montant total des cotes exigibles* en argent.

INDICATION *des prix de journées de travail, fixés par le tarif de conversion arrêté par le conseil général, dans sa session de* 18

SAVOIR :

Journée d'homme . . . .

Journée de cheval de trait et de selle . . . . . .

Journée de bœuf ou mulet d'attelage ou de trait.

Journée de bête de somme. { Mulet ou cheval . . / Ane. . . . .

Journée de voiture . . . . { à deux roues. . . . / à quatre roues. . .

PAR

PREMIÈR

ARTICLES DU RÔLE.	NOMS ET PRÉNOMS des contribuables qui ont déclaré vouloir acquitter leur cote en nature	TAXES EN JOURNÉES							RÉQUISITIONS.						
		d'hommes.	de chevaux de trait et de selle.	de bœufs ou mulets d'attelage ou de trait.	de BÊTES de somme.		de VOITURES		DATE des RÉQUISITIONS.	JOURNÉES					
					Chevaux ou mulets	Ânes.	à deux roues	à quatre roues.		d'hommes.	de chevaux de trait et de selle.	de bœufs ou mulets d'attelage ou de trait.	de BÊTES de somme. Chevaux ou mulets.	Ânes.	de voit[ures] à deux roues.
1	2	3	4	5	6	7	8	9	10	11	12	13	14	15	16
	TOTAL....														

NU

NOM DU

où les

ont e

PARTIE.

TRAVAUX EFFECTUÉS.									SIGNATURE, POUR CERTIFICAT, du fonctionnaire qui a surveillé les travaux.	OBSERVATIONS.
NUMÉRO et NOM DU CHEMIN où les travaux ont eu lieu.	DATE des TRAVAUX.	JOURNÉES								
		d'hommes.	de chevaux de trait et de selle.	de bœufs ou mulets d'attelage ou de trait.	de BÊTES de somme		de VOITURES			
					Chevaux ou mulets.	Ânes.	à deux roues.	à quatre roues.		
18	19	20	21	22	23	24	25	26	27	28
....	......									

SECONDE PARTIE.

MONTANT TOTAL des cotes exigibles en argent. . . . . . .

RÉSUMÉ

(A remplir après l'entière exécution des prestations acquittables en nature.)

1re PARTIE . . . . .

2e PARTIE. . . . . . .

TOTAL ÉGAL au montant du rôle.

JE soussigné, Receveur municipal de la commune d
certifie,

1° Que le présent extrait, comprenant articles, montant à
journées d'hommes, fixée à fr. c. . . . .
journées de chevaux de trait et de selle fixées à fr. c.
journées de bœufs ou mulets d'attelage ou de trait, fixées à fr. c. . . . .
journées de mulets ou chevaux (bêtes de somme), fixées à fr. c. . . . .
journées d'ânes (bêtes de somme) fixées à fr c. . .
journées de voitures à deux roues, fixées à fr. c. .
journées de voitures à quatre roues, fixées à fr. c.

TOTAL . . . .

est conforme, en ce qui concerne les neuf premières colonnes, tant au rôle de prestations rendu exécutoire par le Préfet, le 18 , qu'aux déclarations des contribuables qui veulent acquitter leur taxe en nature, et dont la mention est inscrite dans la troisième colonne dudit rôle ;

2° Que le montant total des cotes exigibles en argent est de .
laquelle somme, réunie à celle de . . . .

montant de l'évaluation des taxes en nature, forme celle de . .

égale au montant du rôle.

A le 18

Nous, soussigné, Maire de la commune d , attestons la vérité des signatures apposées dans la vingt-septième colonne du présent extrait, première partie, comme étant celles des fonctionnaires chargés de la surveillance des travaux ; nous certifions, en outre, que les journées de travail dont ces fonctionnaires ont donné décharge, ont été bien et dûment effectuées, et que leur valeur s'élève, en argent, SAVOIR :

journées d'hommes, fixées à fr. c. . . . .
journées de chevaux de trait et de selle, fixées à fr. c.
journées de bœufs ou mulets d'attelage ou de trait, fixées à fr. c. . . . .
journées de mulets ou chevaux (bêtes de somme), fixées à fr. c. . . . .
journées d'ânes (bêtes de somme), fixées à fr. c. .
journées de voitures à deux roues, fixées à fr. c. . .
journées de voitures à quatre roues, fixées à fr. c.

TOTAL ( ), ci. . . .

De laquelle somme le Receveur municipal est autorisé à faire dépense, en même temps qu'il en fera recette dans son compte de gestion ; elle lui sera allouée sur la production du présent.

Nous certifions, enfin, que le montant total des cotes exigibles en argent est de fr. c.

Fait à le 18

[Modèle n° 17.]

CHEMINS VICINAUX.

COMMUNE
d

Imposition extraordinaire
de
pour

Population, habitants.

PRINCIPAL
des quatre contributions
directes.

Du

Nous, Préfet du département d

Vu la délibération du conseil municipal et des plus imposés de la commune d , en date du , portant vote, à cause de l'insuffisance des ressources ordinaires, d'une imposition extraordinaire de fr. c., pour subvenir à la dépense de

Vu la délibération du , par laquelle le conseil municipal de la même commune a voté pour 18 , trois journées de prestation et cinq centimes additionnels au principal des contributions directes;

Vu le tableau de la reconnaissance des chemins vicinaux de ladite commune, approuvé le ;

Vu l'avis de M. le sous-préfet d

Vu l'art. 1er de la loi du 21 mai 1836, sur les chemins vicinaux, et les articles 30, 40 et 42 de la loi du 18 juillet 1837, sur l'administration municipale;

Examen fait de la situation financière de la commune;

Arrêtons ce qui suit :

Art. 1er. La commune d est autorisée à s'imposer extraordinairement, en année , au principal des contributions directes, la somme de pour

Art. 2. Cette imposition sera portée au rôle des contributions directes de 18 et recouvrée par le percepteur de la commune.

Art. 3. Le directeur des contributions directes et le receveur-général des finances du département sont chargés, chacun en ce qui le concerne, de l'exécution du présent arrêté.

Fait à , lesdits jour et an.

[Modèle n° **18**.]

CHEMINS VICINAUX.

SUBVENTION
particulière pour cause de dégradation extraordinaire.

NOMINATION D'EXPERT.

COMMUNE
d

Du

Nous, Sous-Préfet de l'arrondissement d , département d ;

Vu :

1°. Le procès-verbal dressé par M. le maire d , constatant que le sieur a refusé, quoique dûment prévenu, de reconnaître l'état de viabilité du chemin vicinal d à ;

2°. Le tableau de reconnaissance des chemins vicinaux de la commune d , approuvé le ;

3°. Les art. 14 et 17 de la loi du 21 mai 1836, sur les chemins vicinaux, et l'instruction ministérielle du 24 juin suivant;

Arrêtons ce qui suit :

Art 1er. Le sieur est nommé expert pour procéder, contradictoirement avec l'expert qui sera désigné par le sieur , à la reconnaissance de l'état de viabilité du chemin vicinal d à , et pour en dresser procès-verbal.

Art. 2. En cas de refus ou de négligence de la part du sieur , de nommer son expert dans la huitaine de la notification du présent arrêté, laquelle aura lieu à la diligence de M. le maire d , et par le ministère du garde champêtre, qui en justifiera par un reçu ou un procès-verbal, M. le maire nous en référera, pour être par nous nommé le second expert.

Fait à , lesdits jour et an.

[Modèle n° 19.]

CHEMINS VICINAUX.

Subvention particulière pour cause de dégradation extraordinaire.

NOMINATION D'EXPERT.

COMMUNE

d

Du

Nous, Sous-Préfet de l'arrondissement d , département d ;

Vu la lettre du , par laquelle M. le maire d nous informe que le sieur n'a pas nommé son expert pour reconnaître l'état de viabilité du chemin vicinal d à , quoiqu'il ait été mis en demeure de faire cette nomination, en exécution de notre arrêté du , lequel lui a été notifié suivant ;

Vu ledit arrêté, les art. 14 et 17 de la loi du 21 mai 1836, et l'instruction ministérielle du 24 juin suivant ;

Arrêtons ce qui suit :

Art. 1er. Le sieur est nommé second expert pour procéder à la reconnaissance du chemin vicinal de à , contradictoirement avec le sieur , expert nommé par notre arrêté du , et pour en dresser procès-verbal.

Art. 2. M. le maire d est chargé de l'exécution du présent arrêté, qu'il notifiera aux experts et au sieur .

Fait à , lesdits jour et an.

[Modèle n° **20.**]

CHEMINS VICINAUX.

Subvention particulière pour cause de dégradations extraordinaires.

Réglement par abonnement.

COMMUNE

d

Du

Nous, Préfet du département de

Séant en conseil de préfecture, où étaient présents MM.

Vu :

1°. La soumission en date du , par laquelle le sieur s'engage au paiement, envers la commune d , d'une subvention annuelle de francs, en argent, pendant année , à raison des dégradations extraordinaires qui seront occasionnées pendant ce temps, au chemin vicinal de à , par l'exploitation de ; sous la condition que cette subvention ne serait plus due en cas de cessation de ladite exploitation ;

2°. La délibération du conseil municipal de , du , contenant acceptation de l'offre du sieur ;

3°. L'avis de M. le sous-préfet de , du ;

4°. L'art 14 de la loi du 21 mai 1836 ;

Le conseil de préfecture entendu ;

Considérant

Avons arrêté ce qui suit :

Art. 1er. La subvention spéciale à payer annuellement à la commune de , par le sieur , à raison des dégradations extraordinaires qui seront occasionnées, pendant les années , au chemin vicinal de à , par l'exploitation de , est fixée à , en argent.

Art. 2. Cette subvention sera acquittée chaque année à l'époque du . Elle sera employée uniquement sur le chemin qui y a donné lieu.

Art. 3. M. le sous-préfet de est chargé de l'exécution du présent arrêté.

Fait à , lesdits jour et an.

Dans le cas où le mode d'acquittement n'est pas spécifié, ou bien où le subventionnaire s'est réservé le droit de se libérer en nature, on peut mettre :

Art. 2. Le sieur devra déclarer dans le délai de à partir de s'il veut acquitter sa subvention en argent ou en prestations en nature. Faute par lui d'avoir opté dans ce délai, ou, en cas d'option pour la prestation en nature, faute par lui d'obéir aux réquisitions qui lui seront faites, la subvention deviendra exigible en argent, et sera recouvrée comme en matière de contributions directes.

[Modèle n° **21.**]

CHEMINS VICINAUX.

Réparations à faire.

Mise en demeure du conseil municipal.

COMMUNE d

Du

Nous, Préfet du département d ;

Vu la plainte à nous présentée par , sur le défaut de réparations des chemins vicinaux de la commune d ;

Vu le rapport rédigé le , par , commissaire par nous délégué, constatant le mauvais état des chemins vicinaux de ladite commune, et évaluant les réparations indispensables à y faire à la somme de ;

Vu le tableau de reconnaissance des chemins vicinaux de la même commune, approuvé le ;

8°. Vu l'avis de M. le sous-préfet de

Vu les art. 1er et 5 de la loi du 21 mai 1836, et l'instruction ministérielle du 24 juin suivant ;

Considérant

Arrêtons ce qui suit :

Art. 1er. M. le maire de la commune d   est invité à convoquer le conseil municipal de cette commune, pour qu'il assure, par un vote de prestations et de centimes additionnels ou d'autres ressources, les moyens de subvenir aux réparations ci-dessus évaluées.

Art. 2. La délibération nous sera adressée en double expédition dans le délai de   à partir de ce jour.

Art. 3. M. le sous-préfet de   est chargé de l'exécution du présent arrêté.

Fait à   , lesdits jour et an.

[Modèle n° **22**.]

CHEMINS VICINAUX.

Réparations à faire.

Inscription d'office d'allocation au budget.

COMMUNE

d

Du

Nous, Préfet du département d

Séant en conseil de préfecture, où étaient présents MM.

Vu :

1°. Notre arrêté du   , portant invitation à M. le maire de la commune de   , de convoquer le conseil municipal de cette commune, pour qu'il assure les moyens de subvenir aux réparations des chemins vicinaux, desquelles la nécessité avait été préalablement constatée ;

2°. Toutes les pièces visées audit arrêté ;

3°. La délibération du   , par laquelle le conseil municipal déclare refuser de voter les ressources nécessaires pour faire face à la dépense des réparations sus-mentionnées, sous le prétexte que

4°. L'avis de M. le sous-préfet de

5°. L'art. 1er de la loi du 21 mai 1836, et les art. 30 et 39 de la loi du 18 juillet 1837 ;

L'avis du conseil de préfecture entendu ;

Considérant

AVONS ARRÊTÉ ce qui suit :

Art. 1er. Il est inscrit d'office, au budget de la commune d , pour l'exercice 18 , une allocation de francs centimes, imputables sur les revenus ordinaires.

Art. 2. Cette somme est affectée aux dépenses de réparations ci-dessus indiquées.

Fait à , lesdits jour et an.

[MODÈLE N° **23**.]

CHEMINS VICINAUX.

Imposition d'office en prestations et en centimes spéciaux.

COMMUNE d

Du

NOUS, PRÉFET du département d ;

Vu :

1°. Notre arrêté en date du , par lequel nous avons mis en demeure le conseil municipal de la commune d de voter, dans le délai de , les ressources nécessaires pour subvenir aux réparations nécessaires des chemins vicinaux; ensemble toutes les pièces visées audit arrêté;

2°. La délibération du , par laquelle le conseil municipal a déclaré refuser d'assurer la réalisation de ces ressources;

3°. Le budget de la commune, pour l'exercice 18 ;

4°. L'avis de M. le sous-préfet d , en date du ;

5°. Les art. 1er, 2 et 5 de la loi du 21 mai 1836, sur les chemins vicinaux;

Considérant

ARRÊTONS ce qui suit :

Art. 1er. Il sera établi d'office, sur la commune de , une imposition de journées de prestations, et de centimes additionnels au principal des quatre contributions directes de l'année 18 ,

Art. 2. M. le directeur des contributions directes est chargé de l'exécution du présent arrêté.

Fait à , lesdits jour et an.

[Modèle n° **24**.]

CHEMINS VICINAUX.

Imposition d'office de prestations en nature.

—

Fixation de délai d'option.

—

COMMUNE d

Du

Nous, Préfet du département d ;

Vu :

1°. Notre arrêté en date du , par lequel nous avons imposé d'office, sur la commune de , journées de prestations en nature ; ensemble les pièces visées audit arrêté ;

2°. Le certificat du , constatant que le rôle de ces prestations, rendu exécutoire par nous, a été publié dans la commune de ;

3°. L'avis de M. le sous-préfet de ;

4°. Les art. 1er, 4 et 5 de la loi du 21 mai 1836 ;

Arrêtons ce qui suit :

Art 1er. Il est accordé aux contribuables compris dans le rôle de prestations de la commune de , un délai d'un mois, à partir de la publication du présent, pour déclarer au receveur municipal leur intention de s'acquitter en nature ou en argent desdites prestations.

Art. 2. Toutes les cotes pour lesquelles il n'aura pas été fait de déclarations au receveur municipal, dans le délai ci-dessus fixé, seront, de droit, exigibles en argent.

Art. 3. Le présent arrêté sera publié dans la commune de , à la diligence de M. le sous-préfet de , et du receveur municipal.

Fait à , lesdits jour et an.

[Modèle n° 25.]

CHEMINS VICINAUX.

CARNET

DES RESSOURCES ET DES DÉPENSES

DES COMMUNES,

concernant les chemins vicinaux en général.

Exercice 18

NUMÉROS D'ORDRE.	NOMS des COMMUNES.	RESSOURCES.															RÉSE…
		DÉSIGNATION DES BUDGETS où sont portés les crédits.	DÉNOMINATION DES CRÉDITS.	REVENUS ORDINAIRES.	PRESTATIONS				CENTIMES spéciaux.		Ressources extraordinaires.	Impositions extraordinaires.	Subventions particulières pour cause de dégradations extraordinaires.	Subventions départementales.	Offres particulières.	TOT… d… ress… … arg… Col. …	REN… … les … prest… non i… … les … comm…
					en nature.	en argent	TOTAL.										
							Nomb. de journ.	MONTANT.	Nombre.	MONTANT.							
1	2	3	4	5	6	7	8	9	10	11	12	13	14	15	16	1…	

A RÉSERVER. — REMISES des RECEVEURS municipaux sur les rôles de prestation, non imputées sur les revenus communaux	DÉPENSES.													
	DATE des AUTORISATIONS.	OBJET des DÉPENSES.	MODE D'EMPLOI.	DÉTAIL PAR ESPÈCE DE RESSOURCES. DÉPENSES SUR LES										TOTAL par article de DÉPENSE.
				revenus ordinaires.	PRESTATIONS.			centimes spéciaux.	ressources extraordinaires.	impositions extraordinaires.	subventions particulières pour cause de dégradations extraordinaires.	subventions départementales.	offres particulières.	
					en nature.	en argent.	TOTAL.							
18	19	20	21	22	23	24	25	26	17	28	29	30	31	32

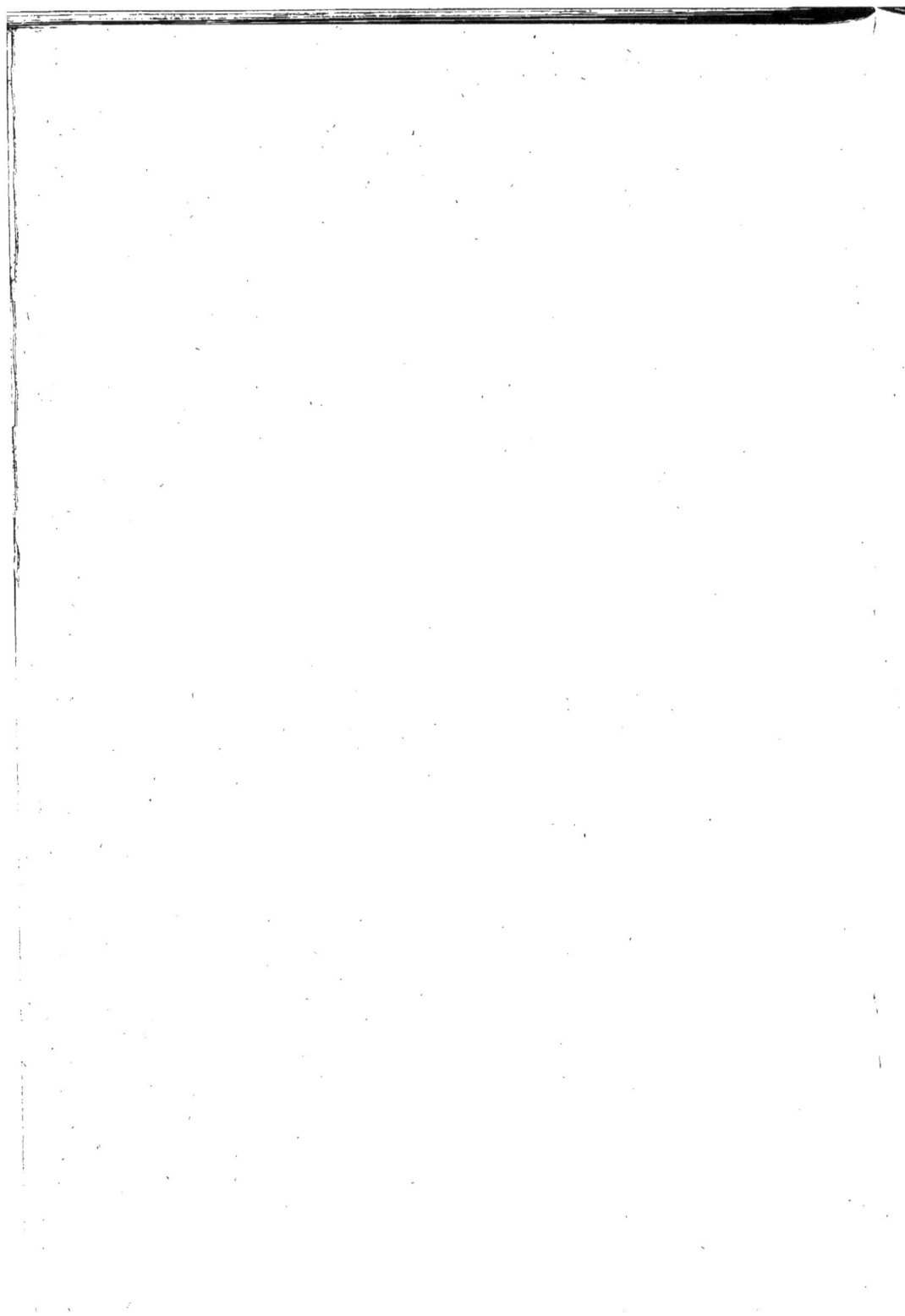

[Modèle n° 26.]

CHEMINS VICINAUX.

ADJUDICATION DE TRAVAUX.

L'an mil huit cent , le , heures d ,

En vertu de l'autorisation de M. le sous-préfet de l'arrondissement d , en date du , et en conséquence des affiches apposées dans les communes de

Nous, maire de la commune de , assisté de MM.
membres du conseil municipal, et de M.
receveur municipal;

Nous sommes rendu en la maison commune, pour procéder à l'adjudication, par voie de soumissions cachetées, des ouvrages à exécuter sur le chemin vicinal de à , selon le devis approuvé par M. le sous-préfet, le , lesquels travaux sont évalués à la somme de .

Il a été déposé sur le bureau paquets contenant des soumissions par les sieurs

Sur l'invitation qui leur en a été faite, les soumissionnaires et les autres personnes présentes s'étant retirés, nous avons, après avoir consulté les membres du bureau, reconnu que les sieurs présentaient la capacité et la solvabilité suffisantes pour être admis à concourir à l'adjudication.

La séance étant redevenue publique, nous avons donné lecture de la liste des concurrents agréés, dont nous avons immédiatement ouvert les soumissions. De ces soumissions, il est résulté qu'il a été offert, pour exécuter les travaux,

Par le sieur un rabais de centimes par franc de l'estimation jointe au devis;

Par le sieur un rabais de

Par le sieur etc.

Le sieur ayant offert le plus fort rabais, nous l'avons déclaré adjudicataire de l'entreprise des ouvrages ci-dessus désignés, moyennant la somme de .

sous les clauses, charges et conditions énoncées au devis sus-mentionné.

Aussitôt, le sieur , adjudicataire, a présenté pour sa caution, le sieur , demeurant à , lequel, à ce intervenant, s'est rendu solidairement garant de l'exécution de toutes les obligations imposées audit adjudicataire, et, pour sûreté de son cautionnement, a affecté et hypothéqué une pièce de terre, située au territoire de , lieudit , contenant ares centiares, tenant, etc.; ladite pièce estimée par la caution d'une valeur de , et déclarée par elle franche de priviléges et d'hypothèques.

Fait, en séance, à , lesdits jour et an. Et nous avons signé, avec les membres du conseil municipal, le receveur municipal, l'adjudicataire et sa caution.

[MODÈLE N° **27**.]

CHEMINS VICINAUX.

Extraction de matériaux.

COMMUNE d

Du

NOUS, PRÉFET du département d

Vu :

1°. La demande présentée par M. le maire de la commune de , le , à l'effet d'être autorisé à faire extraire des matériaux destinés aux réparations des chemins vicinaux, dans les terrains ci-après indiqués, avec les propriétaires desquels il n'a pu s'entendre pour cette extraction;

2°. La délibération du conseil municipal de , en date du , proposant d'accorder l'autorisation demandée;

3°. L'avis favorable de M. le sous-préfet de ;

4°. L'art. 17 de la loi du 21 mai 1836, sur les chemins vicinaux, et l'instruction ministérielle du 24 juin suivant;

Avons arrêté ce qui suit :

Art 1er. M. le maire de est autorisé à faire extraire les matériaux nécessaires aux réparations des chemins vicinaux de la commune, des portions de terrain dont la désignation suit, lesquelles sont situées sur le territoire de ladite commune :

1°. ares centiares, au lieudit , appartenant à , etc.

Art 2. Le présent arrêté sera notifié administrativement aux propriétaires dénommés ci-dessus, au moins dix jours avant l'ouverture des travaux d'extraction. Cette notification sera constatée par un récépissé de l'arrêté, signé de chaque partie intéressée, ou par un procès-verbal du garde champêtre.

Art. 3. Dans le délai de à partir de ladite notification, les propriétaires nommeront leur expert pour procéder à la reconnaissance de l'état des lieux et à l'évaluation des indemnités, et feront connaître leur choix à M. le maire de . A l'expiration de ce délai, M. le sous-préfet, si les propriétaires ont négligé ou refusé de nommer leur expert, ou n'ont pas fait connaître leur choix, le nommera d'office, sur le rapport de M. le maire ; il choisira également le second expert.

Art. 4. Il sera par les experts procédé, avant l'ouverture des travaux, à la reconnaissance de l'état des lieux.

Art. 5. Dans le cas où les indemnités ne pourraient être reglées à l'amiable, elles seront fixées par le conseil de préfecture, sur le rapport des experts. En cas de discord, le tiers-expert sera nommé par le conseil de préfecture.

Art. 6. M. le sous-préfet de est chargé de l'exécution du présent arrêté.

Fait à , lesdits jour et an.

[Modèle n° 28.]

CHEMINS VICINAUX.

Exécution de travaux.

Mise en demeure

COMMUNE

d

Du

Nous, Préfet du département d

Vu :

1°. La délibération du , par laquelle le conseil municipal de la commune de a voté, pour subvenir aux réparations des chemins vicinaux, en 18 , journées de prestation, et centimes additionnels au principal des contributions directes; *ou bien :* notre arrêté en date du , par lequel nous avons imposé d'office, la commune de , à journées de prestation et à centimes additionnels au principal des contributions directes, en 18 , pour subvenir aux réparations des chemins vicinaux; ensemble les pièces visées audit arrêté;

2°. Le rapport de constatant que ces ressources n'ont pas été employées, et que, cependant, des réparations sont indispensables aux chemins vicinaux de ladite commune;

3°. L'avis de M. le sous-préfet de ;

4°. L'art. 5 de la loi du 21 mai 1836, et l'art. du réglement général en date du , rédigé pour l'exécution de cette loi;

Considérant

Avons arrêté ce qui suit;

Art. 1er. Dans le délai de , à partir de ce jour, M. le maire de la commune de fera exécuter les travaux de prestations sur les chemins vicinaux de cette commune. Dans le même délai, après avoir soumis à l'approbation de M. le sous-préfet, le devis des travaux à faire à prix d'argent, il fera employer les ressources en numéraire affectées auxdits chemins vicinaux

Art. 2. Faute par M. le maire de s'être conformé à la disposition qui précède, il nous en sera rendu compte par M. le sous-préfet, qui nous donnera son avis à cet égard, et qui est chargé de l'exécution du présent arrêté.

Fait à , lesdits jour et an.

[Modèle n° 29.]

CHEMINS VICINAUX.

Exécution de travaux d'office.

COMMUNE

d

Du

Nous, Préfet du département d

Vu notre arrêté en date du , par lequel M. le maire de la commune de a été mis en demeure de faire exécuter, dans le délai de à partir dudit jour , les travaux nécessaires pour la réparation des chemins vicinaux de cette commune, les ressources assurées à cet effet pour l'année , n'ayant pas été employées;

Vu le rapport de M. le sous-préfet de , du , constatant que ces travaux n'ont pas été exécutés; ensemble son avis à cet égard, et toutes les pièces visées dans l'arrêté précité;

Vu l'art. 5 de la loi du 21 mai 1836, et l'art 15 de la loi du 18 juillet 1837;

Considérant

Arrêtons ce qui suit :

Art. 1er. Le sieur est chargé de faire employer, selon leur destination, les ressources affectées aux réparations des chemins vicinaux de la commune de , pour l'année 18 .

Art. 2. Il se conformera aux dispositions des art. du réglement général du , en ce qui concerne les réquisitions à adresser aux prestataires qui ont déclaré vouloir acquitter leur cotes en nature, les certificats de libération à leur donner s'il y a lieu, les émargements de l'extrait de rôle et les notes à remettre au receveur municipal pour le recouvrement des cotes devenues exigibles en argent.

Art 3. Il dressera ou fera dresser un devis des travaux à exécuter à prix d'argent, et le soumettra à l'approbation de M. le sous-préfet, en lui proposant le mode d'exécution le plus favorable aux intérêts de la commune. En cas d'exécution par régie, le receveur municipal acquittera la dépense sur la production des mémoires des ouvriers et des fournisseurs, visés par notre délégué, et sur la justification de l'approbation préalable du devis, ainsi que du présent arrêté.

Art. 4. M. le sous-préfet de est chargé de l'exécution dudit arrêté.

Fait à , lesdits jour et an.

[MODÈLE N° **30**.]

CHEMINS VICINAUX.

Fixation de la proportion de concours des communes intéressées au chemin de à

Du

NOUS, PRÉFET du département d ,

Vu :

1°. Les délibérations

2°. Le rapport de M. l'agent-voyer de l'arrondissement de , en date du , ainsi que le plan joint à ce rapport ;

3°. L'avis de M. le sous-préfet de ;

4°. L'art. 6 de la loi du 21 mai 1836 ;

ARRÊTONS ce qui suit :

Art 1er. Les communes ci-après dénommées contribueront, dans la proportion suivante, aux dépenses de construction et d'entretien du chemin vicinal de à :

La commune d , pour centièmes;
La commune d , pour centièmes;
La commune d , pour centièmes.

Art. 2. M. le sous-préfet de est chargé de l'exécution du présent arrêté.

Fait à , lesdits jour et an.

[MODÈLE N° 31.]

DÉPARTEMENT
d

ARRONDISSEMENT
d

COMMUNE
d

Voirie municipale.

Nous, Maire de la commune d ,

Vu les lois des 14 décembre 1789, 24 août 1790, 22 juillet 1791, 28 pluviôse an VIII, et 18 juillet 1837 ; les art. 471 et 479 du code pénal, et l'art. du réglement arrêté par M. le préfet de ce département, le ; en exécution de l'art. 21 de la loi du 21 mai 1836 ;

ARRÊTONS :

Art. 1er. Défenses sont faites, sous les peines de droit, à tous propriétaires et habitants de la commune, de construire, de reconstruire ou de réparer aucun bâtiment ou mur ; d'ouvrir des fossés ; de faire des plantations d'arbres ou de haies vives ou sèches ; de former, de rétablir ou de réparer des clôtures quelconques le long des chemins vicinaux, des rues, des places et des autres voies publiques, sans nous avoir demandé l'alignement, par pétition écrite sur papier timbré, et avoir obtenu de nous, par écrit, l'autorisation nécessaire.

Art. 2. Les contraventions à la disposition qui précède seront constatées par procès-verbaux, et les contrevenants seront poursuivis devant le tribunal de simple police, pour avoir enfreint les réglements de l'autorité administrative.

Fait à la mairie de , le

[Modèle n° 32.]

DÉPARTEMENT
d

ARRONDISSEMENT
d

CANTON
d

COMMUNE
d

CHEMINS VICINAUX
DE GRANDE COMMUNICATION.

Avis sur le projet de classement d'un chemin vicinal de grande communication d

Extrait du Registre des Délibérations.

L'an mil huit cent , le
le conseil municipal de la commune d
réuni extraordinairement, en vertu de la lettre de M. le préfet, du pour délibérer sur le projet de classement d'une ligne vicinale d

Présents MM.

Vu l'article 7 de la loi du 21 mai 1836;

Prend la délibération suivante :

Art. 1er. Il est répondu aux trois questions posées par M. le Préfet :

1°. Y a-t-il lieu de déclarer chemin vicinal de grande communication la ligne projetée d
à ? (1)

2°. Y a-t-il lieu d'adopter la { 1re direction indiquée? (2) / 2e direction ——— ? (3)

3°. La commune d a-t-elle intérêt à l'établissement de la ligne ? (4)

Art. 2. Le conseil municipal s'engage, au nom de la commune, à contribuer aux dépenses de la ligne vicinale dont il s'agit, au moyen des ressources ci-après :

(1, 2, 3 et 4), mettre *oui* ou *non*.

RÉSUMÉ DE LA DISCUSSION.

Nota. Après le résumé de la discussion, on mettra la formule ordinaire de clôture des délibérations, et les deux extraits seront certifiés conformes par M. le *Maire*.

[MODÈLE N° 33.]

DÉPARTEMENT
d

CHEMINS VICINAUX
de grande
COMMUNICATION.

Ligne n°

RÉGLEMENT AMIABLE
D'INDEMNITÉ,

En exécution de l'art. 15 de la loi du 21 mai 1836, sur les chemins vicinaux.

L'AN mil huit cent , le

A comparu devant nous, préfet du département de , agissant en vertu de l'art. 9 de la loi du 21 mai 1836, le sieur demeurant à ;

Lequel, après avoir pris connaissance, 1° de notre arrêté du , par lequel nous avons fixé la largeur du chemin vicinal de grande communication n° , de ; 2° du plan de chemin et des terrains adjacents; 3° d'un procès-verbal dressé le , par M. , agent-voyer de l'arrondissement de , duquel il résulte que ares centiares de terrain, situés sur le territoire de , au lieudit , appartenant audit sieur , pris en exécution de notre arrêté susdaté, pour l'élargissement du chemin vicinal de grande communication ci-dessus désigné, sont estimés à francs centimes, a déclaré accepter cette estimation.

Il a déclaré, en outre, que les ares centiares dont il s'agit, faisant partie d'une pièce de ares centiares, lui appartiennent au moyen

En conséquence, l'indemnité due au sieur , pour l'occupation dudit terrain, demeure réglée à la somme de , qui lui sera payée, sans intérêts, dans le délai de .

Fait double à , lesdits jour et an.

Et le sieur a signé avec nous,

[Modèle n° **34**.]

CHEMINS VICINAUX
de grande
COMMUNICATION.

Ligne n°

AUTORISATION
de travaux.

Du

Nous, Préfet du département de

Vu la délibération du conseil général en date du ,
portant, sur l'avis des conseils municipaux et du conseil d'arrondissement, et sur notre proposition, classement du chemin vicinal de grande communication n° ,
de à , par ;

Vu les lois du 7 juillet 1833 et du 21 mai 1836;

Arrêtons ce qui suit :

Art. 1er. Les travaux de construction et de perfectionnement du chemin vicinal de grande communication n° ,
de à , sont autorisés sur les territoires des communes de

Art. 2. En cas d'occupation de terrains pour le redressement ou le changement partiel de direction du chemin suivi actuellement, il sera procédé conformément à la loi du 7 juillet 1833 et à l'art. 16 de la loi du 21 mai 1836.

Art. 3. M. l'agent-voyer en chef est chargé de l'exécution du présent arrêté.

Fait à , lesdits jour et an.

[Modèle n° 35.]

CHEMINS VICINAUX
de grande
COMMUNICATION.

Ligne n°

ACQUISITIONS
de terrains.

Commission spéciale.

Du

Nous, Préfet du département d

Vu notre arrêté en date du , autorisant les travaux de construction et de perfectionnement du chemin vicinal de grande communication n° , de à , notamment sur le territoire de la commune de ;

Vu notre lettre du , par laquelle nous avons chargé le sous-préfet d de prescrire le dépôt, à la mairie d , du plan parcellaire des propriétés à occuper par ledit chemin, sur le territoire de cette commune, ainsi que l'accomplissement des autres formalités ordonnées par les art. 6 et 7 de la loi du 7 juillet 1833;

Vu les art. 8, 9 et 10 de ladite loi;

Arrêtons ce qui suit :

Art. 1er. Il est formé une commission, qui se réunira à , sous la présidence du sous-préfet, pour exercer, en ce qui concerne les propriétés ci-dessus indiquées, les attributions déterminées par l'art. 8 de la loi du 7 juillet 1833.

Art. 2. Sont appelés à faire partie de cette commission, en outre du maire de la commune d ,

MM.

Art. 3. M. le sous-préfet de est chargé de l'exécution du présent arrêté; il convoquera la commission, et veillera à ce que ses opérations soient terminées dans le délai prescrit par l'article 9 de la loi précitée; il nous en transmettra le procès-verbal et les pièces y relatives, conformément à l'art. 10 de la même loi.

Fait à , lesdits jour et an.

[Modèle n° 36.]

CHEMINS VICINAUX
de grande
COMMUNICATION.

Ligne N°

Désignation
de
terrains à acquérir.

Du

Nous, Préfet du département d ,

Vu :

1°. Le plan parcellaire dressé le , par , indiquant les terrains qu'il est nécessaire d'acquérir pour opérer le redressement, sur le territoire d , du chemin vicinal de grande communication n° de à ;

2°. Le certificat du maire de la commune d , en date du , constatant le dépôt et les publications prescrites par l'art. 6 de la loi du 7 juillet 1833;

3°. Les numéros des journaux , du , contenant l'annonce du dépôt du plan parcellaire;

4°. Le procès-verbal ouvert à la mairie de , le , duquel il résulte

5°. Le procès-verbal de la commission spéciale, du , constatant

6°. Notre certificat de ce jour, constatant que le procès-verbal de la commission spéciale et les pièces y relatées, ont été déposés au secrétariat général de la préfecture, pendant huit jours, à partir du ;

7°. Les dispositions du titre 2 de la loi du 7 juillet 1833, sur l'expropriation pour cause d'utilité publique;

Considérant

Arrêtons ce qui suit :

Art. 1er. Les terrains lavés en au plan parcellaire ci-dessus visé, seront cédés pour être occupés par le chemin vicinal de grande communication n° , de à .

Art. 2. La prise de possession aura lieu aux époques fixées par les conventions amiables, ou aussitôt que l'expropriation sera consommée.

Art. 3. L'agent-voyer en chef est chargé de l'exécution du présent arrêté.

Fait à , lesdits jour et an.

[Modèle n° 37.]

CHEMINS VICINAUX
de grande
COMMUNICATION.

Département d

Arrondissement d

Ligne n°

REDRESSEMENT.

Territoire
d

PROCÈS-VERBAL
D'ARPENTAGE ET D'ESTIMATION
DE TERRAINS.

L'an mil huit cent , le

Le soussigné, agent-voyer d'arrondissement à la résidence de , s'est transporté sur le territoire de la commune d , à l'effet de procéder à l'arpentage et à l'estimation des terrains qui doivent être occupés par le chemin vicinal de grande communication n° de à , à cause du redressement de ce chemin entre et

Où étant, il a procédé à ces opérations conformément au tableau ci-après :

NOMS, PRÉNOMS, QUALITÉS et demeures des propriétaires.	NUMÉRO d'ordre du procès-verbal	NUMÉRO du plan cadastral.	CANTONS ou LIEUXDITS.	NATURE DES PROPRIÉTÉS.	CONTENANCE des terrains à occuper.	Prix de l'are.	MONTANT DE L'ESTIMATION.	SIGNATURES DES PROPRIÉTAIRES pour acceptation.	Tenants et aboutissants des propriétés.	TITRES DE PROPRIÉTÉ.

Ces opérations ainsi faites, le résultat en a été présenté aux propriétaires, et les signataires ci-dessus ont déclaré accepter sans réserve les indemnités indiquées en regard de leurs noms.

De tout quoi, il a été dressé le présent procès-verbal.

Clos à le

[Modèle n° **38**.]

DÉPARTEMENT

ACTE DE VENTE AMIABLE,

POUR CAUSE D'UTILITÉ PUBLIQUE,

CHEMINS VICINAUX de grande COMMUNICATION.

Ligne n°

En exécution de la loi du 7 juillet 1833 *et de celle du* 21 *mai* 1836.

L'an mil huit cent , le

A comparu devant nous, Préfet du département de

Le sieur , demeurant ,

Lequel, après avoir pris connaissance d'un procès-verbal d'estimation dressé le , par M. agent-voyer de l'arrondissement d ,

A déclaré vendre à la commune de ,

L'immeuble dont la designation suit :

ares centiares de terrain, situés sur le territoire de , au lieudit , tenant d'un côté du nord à , etc.;

Ledit immeuble destiné à être occupé par le chemin vicinal de grande communication n° , de à , classé par le conseil général du département d , dans sa session de 18 , duquel chemin les travaux ont été autorisés par notre arrêté du , pris en exécution de l'art. 16 de la loi du 21 mai 1836,

Le comparant a consenti que l'administration se mît immédiatement en possession de cet immeuble.

Ce même immeuble lui appartenait au moyen de

La présente vente a été faite moyennant la somme de , montant de l'estimation portée au procès-verbal précité de M. l'agent-voyer d'arrondissement ; laquelle somme sera payée, à qui de droit, sans intérêts, aussitôt après que les formalités prescrites par la loi du 7 juillet 1833, pour la purge des priviléges et des hypothèques, auront été remplies, s'il y a lieu.

Le comparant a renoncé au droit d'inscription du privilége de vendeur.

Et nous, préfet, avons accepté, en vertu de l'art. 9 de la loi du 21 mai 1836, la vente faite ci-dessus, ainsi que les conditions sous lesquelles elle a été consentie.

Fait à , lesdits jour et an.

Et le comparant a signé avec nous.

[MODÈLE N° 39.]

CHEMINS VICINAUX de grande COMMUNICATION.

Répartition de la subvention départementale de 18

Du

NOUS, PRÉFET du département d

Vu le budget départemental, pour l'exercice 18 , voté par le conseil général dans sa session d , et réglé par ordonnance royale du ;

Vu l'article 8 de la loi du 21 mai 1836;

Vu le projet de répartition de la subvention allouée audit budget pour les chemins vicinaux et les chemins vicinaux de grande communication, ce projet à nous présenté, en ce qui concerne les chemins vicinaux de grande communication, par M. l'agent-voyer en chef, le ;

ARRÊTONS ce qui suit :

Art. 1er. Sur la subvention départementale de 18 , s'élevant à allouée pour les chemins vicinaux et les chemins vicinaux de grande communication, la somme de est attribuée, sauf augmentation ultérieure, aux chemins vicinaux de grande communication.

Art. 2. Cette dernière somme est répartie ainsi qu'il suit :

Chemin n°	, de	à	ci.	fr. c.
Chemin n°	, de	à	ci.	
Chemin n°	, de	à	ci.	

Art. 3. M. l'agent-voyer en chef est chargé de l'exécution du présent arrêté.

Fait à , lesdits jour et an.

[Modèle n° 40.]

Département

CHEMINS VICINAUX DE GRANDE COMMUNICATION.

Exercice 18

Ligne vicinale N° de à

Projet de fixation des contingents communaux.

Numéros des lignes auxquelles les communes sont encore intéressées.	NOMS des COMMUNES.	Evaluation de deux journées de prestation et de 2/3 de 5 centimes additionnels.	Revenus ordinaires disponibles.	Contingents de l'année précédente.	QUOTITÉS de la valeur de deux journées de prestation et de 2/3 de 5 centimes, proposées par l'agent-voyer d'arrondissement	les commissaires spéciaux.	le sous-préfet.	l'agent-voyer en chef.	Evaluation correspondant aux propositions de l'agent-voyer en chef.	OBSERVATIONS DIVERSES. Lorsque les communes sont traversées, indiquer sur quelle longueur, soit la ville ou le village, soit le territoire en masse. Lorsque les villes ou les villages sont éloignés de la ligne faire connaître à quelle distance, — s'il existe des communications pour arriver de ces villes ou de ces villages à la ligne, — si elles sont bonnes, — s'il n'existe pas quelque obstacle naturel, comme des bois sans chemin, des rivieres sans pont, des montagnes, etc. Indiquer si la ligne fait communiquer la commune avec une ville ou un village important, en désignant l'espèce de commerce ou tout autre but utile, — et s'il n'existe pas une autre voie aussi facile ou aussi courte. Motiver l'augmentation ou la diminution sur le contingent de l'année précédente. Lorsqu'une commune est intéressée à plusieurs lignes, faire remarquer les différences d intérêt.	COLONNE réservée pour LE PRÉFET.
	Total des dépenses présumées, non compris celles qui auront lieu avec la subvention départementale et les autres ressources, à										

Présenté *par l'agent-voyer d'arrondissement.*

A *le*

Proposé par l'agent-voyer en chef.

A le

[Modèle n° 41.]

CHEMINS VICINAUX
de grande
COMMUNICATION.

Ligne N°

Exercice 18

Fixation des contingents communaux.

Du

Nous, Préfet du département d

Vu les propositions de MM. les agents-voyers, commissaires spéciaux et sous-préfets, sur la fixation des contingents communaux, pour l'année 18 ;

Vu la délibération du conseil général, en date du , portant, sur l'avis des conseils municipaux et du conseil d'arrondissement, et sur notre proposition, classement du chemin vicinal de grande communication n° de à , et désignation des communes qui doivent contribuer aux dépenses de ce chemin;

Vu les articles 7 et 8 de la loi du 21 mai 1836;

Arrêtons :

Le contingent de chaque commune désignée, dans les dépenses du chemin vicinal de grande communication n° , de à , est fixé, pour l'année 18 , ainsi qu'il suit :

NOM de LA COMMUNE.	ÉVALUATION de deux journées de prestation et de 2/3 de 5 centimes additionnels.	QUOTITÉ de la valeur réelle de ces ressources assignée pour contingent.	ÉVALUATION de la quotité assignée.	SOMME IMPUTABLE sur les revenus ordinaires, assignée en outre.	TOTAL, par évaluation, du contingent.

Fait à , lesdits jour et an.

[MODÈLE N° **42**.]

CHEMINS VICINAUX
de grande
COMMUNICATION.

Ligne n°

COMMUNE
d

Imposition extraordinaire
de
pour

Population , *habitants.*

PRINCIPAL
des quatre contributions
directes,

Du

Nous, PRÉFET du département d

Vu :

1°. la délibération du , par laquelle le conseil municipal et les plus imposés de la commune de , ont voté une imposition extraordinaire de fr. c., pour subvenir au paiement du contigent que nous avons assigné à cette commune, dans les dépenses à faire sur le chemin vicinal de grande communication n° de à , en 18 ;

2°. Notre arrêté du portant fixation du contingent de la commune d à ;

3°. La délibération du conseil général en date du , portant, sur l'avis des conseils municipaux et du conseil d'arrondissement, et sur notre proposition, classement dudit chemin vicinal de grande communication, et désignation, entre autres communes, de celle de , pour contribuer aux dépenses de ce chemin ;

4°. La délibération du conseil municipal de la même commune, du , portant vote pour l'année 18 , de trois journées de prestation et de cinq centimes additionnels au principal des contributions directes, destinés en totalité à subvenir aux dépenses des chemins vicinaux ordinaires.

5°. L'avis de M. le sous-préfet d

6°. Les art. 1er, 7 et 8 de la loi du 21 mai 1836, sur les chemins vicinaux, et les articles 30, 40 et 42 de la loi du 18 juillet 1837, sur l'administration municipale;

Examen fait de la situation financière de la commune;

ARRÊTONS ce qui suit :

Art. 1er. La commune d est autorisée à s'imposer extraordinairement, en année , au principal

des contributions directes, la somme de
pour

Art. 2. Cette imposition sera portée au rôle des contributions directes de 18 et recouvrée par le percepteur de la commnne.

Art. 3. Le directeur des contributions directes et le receveur-général des finances du département sont chargés, chacun en ce qui le concerne, de l'exécution du présent arrêté.

Fait à , lesdits jour et an.

[Modèle n° 43.]

CHEMINS VICINAUX
de grande
COMMUNICATION.

Ligne N°

Exercice 18

Inscription d'office d'allocation au budget de la commune d

Du

Nous, Préfet du département de

Séant en conseil de préfecture, où étaient présents MM.

Vu la délibération du , par laquelle le conseil municipal de la commune d , déclare refuser de voter les ressources nécessaires pour assurer le paiement du contingent que nous avons assigné à cette commune, dans les dépenses à faire sur le chemin vicinal de grande communication n° de à , en 18 ;

Vu notre arrêté du , notifié à M. le maire d , le , par lequel nous avons fixé ledit contingent à ;

Vu la délibération du conseil général, en date du , portant, sur l'avis des conseils municipaux et du conseil d'arrondissement, et sur notre proposition, classement du chemin vicinal de grande communication, n° , de à , et désignation, entre autres communes, de celles d pour contribuer aux dépenses dudit chemin;

Vu l'avis de M. le sous-préfet de

Vu les art. 1er, 7 et 8 de la loi du 21 mai 1836, et les art. 30 et 39 de la loi du 18 juillet 1837;

Considérant

Le conseil de préfecture entendu;

Avons arrêté ce qui suit :

Art. 1er. Il est inscrit d'office, au budget de la commune d , pour l'exercice 18 , une allocation de fr. c., imputable sur les revenus ordinaires.

Art. 2. Cette allocation est affectée au contingent de ladite commune, dans les dépenses de la ligne vicinale n° , en 18 .

Fait à , lesdits jour et an.

[MODÈLE N° 44.]

CHEMINS VICINAUX
de grande-
COMMUNICATION.

Ligne N°

Exercice 18

Imposition d'office.

COMMUNE
d

Du

NOUS, PRÉFET du département d

Vu la délibération du , par laquelle le conseil municipal de la commune d , a refusé de voter les ressources nécessaires pour assurer le paiement du contingent que nous avons assigné à la commune d , dans les dépenses du chemin vicinal de grande communication, n° , de à , en 18 ;

Vu notre arrêté du , notifié à M. le maire d , le , par lequel nous avons fixé ledit contingent à ;

Vu la délibération du conseil général, en date du , portant sur l'avis des conseils municipaux et du conseil d'arrondissement, et sur notre proposition, classement du chemin vicinal de grande communication n° , de à , et désignation, entre autres communes, de celle d pour contribuer aux dépenses dudit chemin;

Vu l'avis de M. le sous-préfet de

Vu le budget de la même commune, pour l'exercice 18 ,

Vu les art. 5, 8 et 9 de la loi du 21 mai 1836;

Considérant

ARRÊTONS ce qui suit :

Art. 1er. Il est affecté d'office à l'acquittement du contingent de la commune d , dans les dépenses du chemin vicinal de grande communication, n° , en 18 , de prestations sur l journée de prestations votée par délibération du conseil municipal de cette commune, du , et la somme de sur celle de produit de centimes spéciaux votés par délibération du .

Art. 2. Il sera établi d'office, en 18 , sur la commune d' une imposition de journée de prestations, et de centimes additionnels au principal des quatre contributions directes. Le produit de cette imposition sera affecté à l'acquittement du contingent de ladite commune dans les dépenses du chemin vicinal de grande communication n° , en 18 .

Art. 3. Le directeur des contributions directes et le receveur général des finances sont chargés, chacun en ce qui le concerne, de l'exécution du présent arrêté.

Fait à , lesdits jour et an.

[Modèle n° 45.]

CHEMINS VICINAUX
DE GRANDE COMMUNICATION.

COMPTES OUVERTS
DES
CONTINGENTS COMMUNAUX.

Année 18

N° D'ORDRE PAR LIGNE.	NOMS des COMMUNES.	MONTANT DES CONTINGENTS.	RESSOURCES AFFECTÉES.							
			Dénomination des actes qui les ont affectées.	DATE de CES ACTES.	ESPÈCE des RESSOURCES.	DÉTAIL DES PRESTATIONS				
						Acquittables en nature par option.	Exigibles en argent par option.	Devenues exigibles en argent, par suite de non-exécution en nature.	Total définitif des prestations exigibles en argent.	… en nature.
1	2	3	4	5	6	7	8	9	10	11
								Ligne vicin…		
					Revenus ordinaires					
					Prestations (journée)					
					Centimes spéciaux ( )					
					Ressources extraordinaires					
					Revenus ordinaires					
					Prestations (journée)					
					Centimes spéciaux ( )					
					Ressources extraordinaires					
					Revenus ordinaires					
					Prestations (journée)					
					Centimes spéciaux ( )					
					Ressources extraordinaires					
					Revenus ordinaires					
					Prestations (journée)					
					Centimes spéciaux ( )					
					Ressources extraordinaires					
					Revenus ordinaires					
					Prestations (journée)					
					Centimes spéciaux ( )					
					Ressources extraordinaires					

Montant par espèce.	TOTAL par commune.	SOMMES à recouvrer définitivement en argent.	Nos des titres de recouvrement.	EMPLOI des prestations en nature.		DÉTAIL DES RESSOURCES par espèce.				Numéros des lignes auxquelles les communes sont encore intéressées.	OBSERVATIONS.
				No du registre des états d'emploi.	Indication faisant connaître si la commune a un tarif de conversion en tâches.	Revenus ordinaires.	Prestations en nature et en argent.	Centimes spéciaux.	Ressources extraordinaires.		
12	13	14	15	16	17	18	19	20	21	22	23

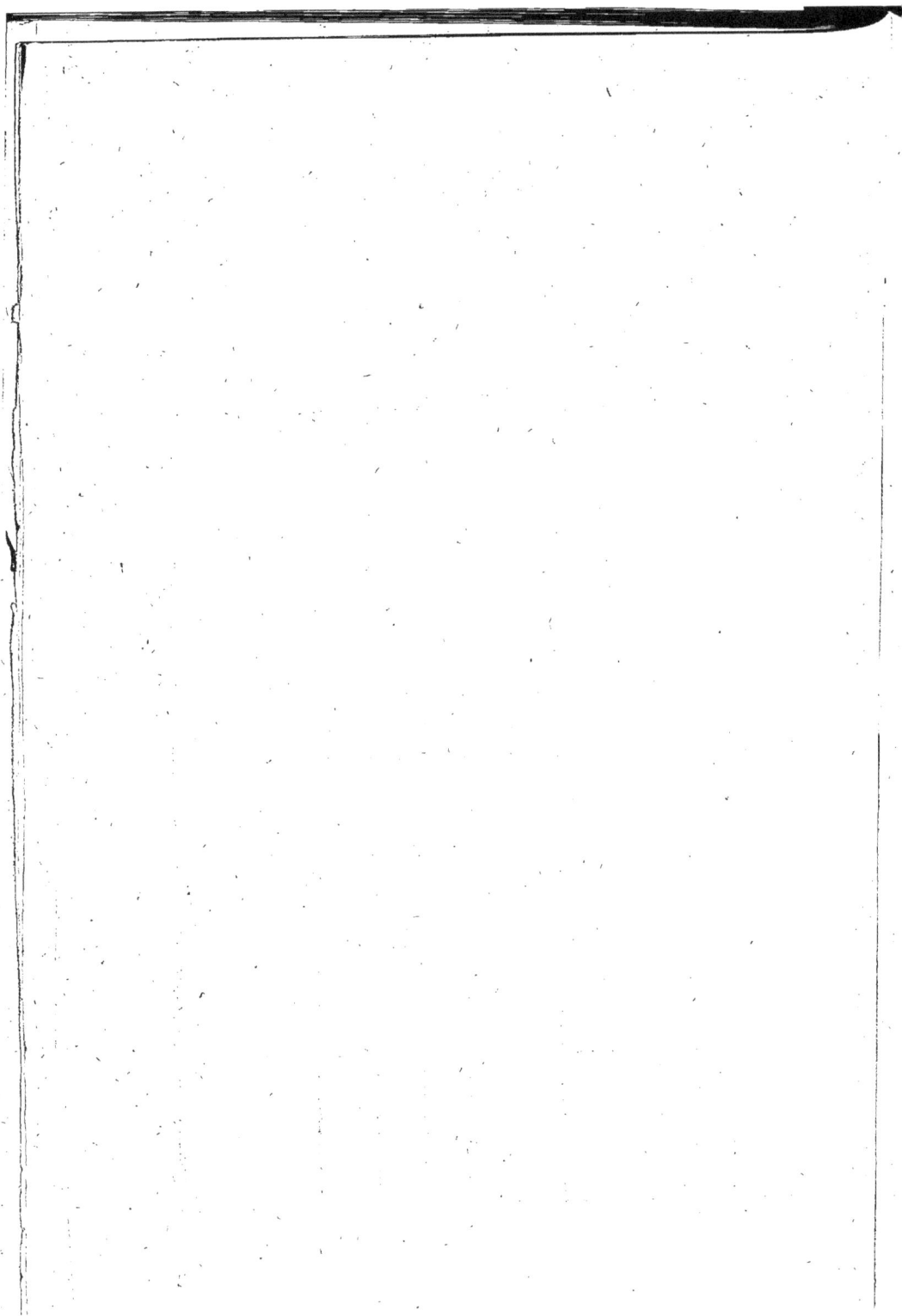

[Modèle n° 46.]

CHEMINS VICINAUX
de grande
COMMUNICATION.

Ligne n°

Exercice 18

Titre de recouvrement
n°

Du

Nous, Préfet du département d

Vu les délibérations et les arrêtés dont la date est indiquée dans le tableau ci-dessous, lesquels ont pour objet d'assurer les moyens de paiement des contingents des communes qu'ils concernent, en 18 , dans les dépenses du chemin vicinal de grande communication, n° , d

Vu le 4e paragraphe de l'art. 8 et l'art. 9 de la loi du 21 mai 1836;

Arrêtons :

Art. 1er. M. le receveur général des finances opérera le recouvrement des sommes détaillées dans le tableau ci-après, et dues par les communes y désignées pour le motif ci-dessus énoncé.

NOMS des COMMUNES.	DATE		SOMMES à RECOUVRER	INDICATION DES FONDS sur lesquels DOIVENT ÊTRE PRÉLEVÉES LES SOMMES À RECOUVRER.			
	des délibérations des conseils municipaux.	des arrêtés du préfet.		Revenus ordinaires.	Centimes spéciaux.	Prestations acquittées en argent.	Ressources extra-ordinaires.
Arrondissement d							

Art. 2. La somme totale de sera centralisée sous le titre : *Contingents communaux et souscriptions particulières applicables aux dépenses des chemins vicinaux de grande communication*, pour l'exercice 18 ,

Fait à , lesdits jour et an.

[Modèle n° 47.]

Département d

CHEMINS VICINAUX DE GRANDE COMMUNICATION.

Contingents communaux et subventions volontaires en argent.

JOURNAL DES TITRES DE RECOUVREMENT.

Exercice 18

N° d'ordre.	N° des lignes vicinales.	DATE des titres.	NATURE des fonds à recouvrer.	MONTANT des titres.	DATE de l'envoi au receveur général.	OBSERVATIONS

[Modèle n° 48.]

Département d

CHEMINS VICINAUX
DE GRANDE COMMUNICATION.

Contingents communaux et subventions volontaires.

COMPTES OUVERTS,
PAR LIGNE VICINALE,
DES TITRES DE RECOUVREMENT,
ET
DES RECOUVREMENTS EFFECTUÉS.

Exercice 18

Ligne N°

TITRES DE RECOUVREMENT.			RECOUVREMENTS EFFECTUÉS.		OBSERVATIONS.
N° du JOURNAL.	DATE.	MONTANT.	ÉPOQUES.	MONTANT.	

[Modèle n° 49.]

CHEMINS VICINAUX
de grande
COMMUNICATION.

Ligne n°

OFFRES.

Titre de recouvrement
n°

Du

Nous, Préfet du département d

Vu (la délibération du conseil municipal ou la souscription);

Vu le 3e paragraphe de l'art. 7 et l'art. 9 de la loi du 21 mai 1836;

Arrêtons ce qui suit :

Art. 1er. L'offre faite par   est acceptée.

Art. 2. M. le receveur général des finances est chargé de faire le recouvrement de ladite somme de   , et de la centraliser au compte des *contingents communaux et souscriptions particulières applicables aux dépenses des chemins vicinaux de grande communication*, pour l'exercice 18   .

Fait à   , lesdits jour et an.

[Modèle n° 50.]

CHEMINS VICINAUX
de grande
COMMUNICATION.

Ligne n°

Subvention particulière pour cause de dégradation extraordinaire.

Titre
de recouvrement
n°

Du

Nous, Préfet du département d

Vu (*l'arrêté du conseil de préfecture*, ou, *notre arrêté en conseil de préfecture*) par lequel la subvention due par   , pour les dégradations extraordinaires causées par l'exploitation de   , sur le chemin vicinal de grande communication n°   , de   à   , a été réglée, pour l'année 18   , à la somme de   ;

Vu (*la déclaration d'option*, ou, *le certificat constatant que le subventionnaire, requis, ne s'est pas libéré en nature*);

Vu les art. 9 et 14 de la loi du 21 mai 1836;

Arrêtons ce qui suit :

Art. 1er. M. le receveur général des finances opérera le recouvrement de ladite somme de   .

Art. 2. Cette somme sera centralisée au compte des *contingents communaux et souscriptions particulières applicables aux dépenses des chemins vicinaux de grande communication*, pour l'exercice 18 .

Fait à , lesdits jour et an.

[MODÈLE N° **51.**]

CHEMINS VICINAUX.

Nomination d'agent-voyer.

Du

NOUS, PRÉFET du département d ;

Vu l'art. 11 de la loi du 21 mai 1836, relative aux chemins vicinaux;

Vu le réglement du , approuvé le , par M. le ministre de l'intérieur, sur l'organisation du service des agents-voyers, dans ce département;

Vu la délibération du conseil général, du ,

Sur le rapport de M. l'agent-voyer en chef;

ARRÊTONS ce qui suit :

Art. 1er. Le sieur est nommé agent-voyer , pour l'arrondissement de .

Art. 2. Avant d'entrer en fonctions, il prêtera devant nous le serment prescrit par la loi.

Art. 3. M. l'agent-voyer en chef est chargé de l'exécution du présent arrêté.

Fait à , lesdits jour et an.

[Modèle n° 52.]

CHEMINS VICINAUX.

Prestation de serment d'Agent-Voyer.

Cejourd'hui mil huit cent , devant nous, Préfet du département d , en l'hôtel de la préfecture, à , a comparu le sieur , nommé, par notre arrêté du , agent-voyer , pour l'arrondissement d ; lequel a déclaré vouloir prêter le serment prescrit par l'art. 11 de la loi du 21 mai 1836, ce qu'il a fait en ces termes :

« *Je jure fidélité au roi des Français, obéissance à la charte* » *constitutionnelle et aux lois du royaume.* »

De quoi il a été dressé le présent acte, que ledit sieur a signé avec nous.

[Modèle n° 53.]

CHEMINS VICINAUX DE GRANDE COMMUNICATION.

REGISTRE

Des États d'emploi de Prestations en nature.

Exercice 18

N° D'ORDRE.	N° DES LIGNES.	DATE DE L'ENVOI des extraits de rôles à l'agent-voyer en chef.	DATE DE L'ENVOI, à l'agent-voyer en chef, des états d'emploi approuvés, et des avertissements aux maires.	COMMUNES appelées à fournir des PRESTATIONS.	VALEUR des prestations demandées.	TERMES de l'exécution des TRAVAUX.	DATE de LA REMISE des comptes d'emploi.	OBSERVATIONS.
1	2	3	4	5	6	7	8	9

[Modèle n° 54.]

DÉPARTEMENT
d

Arrondissement
d

CHEMINS VICINAUX
DE GRANDE COMMUNICATION.

Ligne N°
de *à*

Prestations en nature de l'Exercice 18

ÉTAT D'EMPLOI
PAR JOURNÉES.

DÉSIGNATION des COMMUNES.	Nos DES ATELIERS.	INDICATION SOMMAIRE des points sur lesquels les ateliers seront formés.	JOURS ET HEURES où les prestataires devront être rendus sur les ateliers.	COMPOSITION DES ATELIERS.						
				Hommes à f. c.	Chevaux de trait et de selle à f. c.	Bœufs et mulets d'attelage à f. c.	BÊTES DE SOMME Mulets ou chevaux à f. c.	BÊTES DE SOMME Ânes à f. c.	Voitures à 2 roues à f. c.	Voitures à 4 roues à f. c.
1	2	3	4	5	6	7	8	9	10	11

Dressé par l'agent-voyer d'arrondissement, soussigné
A le

MONTANT EN ARGENT des journées de prestations demandées.	TRAVAUX PRÉSUMÉS DES PRESTATIONS.									Évaluation des travaux présumés.	Observations.
	TERRASSEMENTS.			TRANSPORTS À LA BROUETTE.		EXTRACTION de		TRANSPORTS PAR VOITURE, de terre, matériaux etc.			
	Fouille, charge ou jet à f. c.	Ouvertures de fossés, dressement, à f. c.	Régalement et pilonnage, à f c.	Cube de terre.	Prix d'après la distance	à f. c.	à f. c.	Cube de matière.	Prix d'après la distance.		
12	13	14	15	16	17	18	19	20	21	22	23

Vu et PROPOSÉ par l'agent-voyer en chef.
A le

Vu et approuvé par le Préfet.
A *le*

[Modèle n° 55.]

DÉPARTEMENT
d

Arrondissement
d

Exercice 18

CHEMINS VICINAUX
DE GRANDE COMMUNICATION.

Ligne N°
de à

ÉTAT D'EMPLOI,
PAR TACHES,
DES JOURNÉES DE PRESTATIONS
de la commune d

ARTICLES du rôle.	NOMS ET PRÉNOMS des PRESTATAIRES.	DÉSIGNATION DES POINTS sur lesquels les tâches seront fournies.	TEMPS pendant lequel LES TACHES devront être exécutées

Dressé par l'agent-voyer d'arrondissement, souss

A le

NOMBRE DE JOURNÉES DUES. JOURNÉES d'hommes	de chevaux de trait ou de selle	de bœufs ou de mulets d'attelage	DE BÊTES de somme. Mulets ou chevaux	Anes	VOITURES à deux roues	à quatre roues	MONTANT en argent des journées de prestat.	TACHES A EXÉCUTER. EXTRACTIONS de pierres calcaires.		TRANSPORT de matériaux à une distance de	Cube.	Prix du cube.	MONTANT en argent de chaque tâche.	OBSERVATIONS.

… et PROPOSÉ par l'agent-voyer en chef.

A le

Vu et approuvé par le Préfet d

A le

[Modèle n° 56.]

CHEMINS VICINAUX
de grande
COMMUNICATION.

Ligne n°

Prestations en nature.

Exécution d'office.

COMMUNE
d

Du

Nous, Préfet du département d ;

Vu l'état d'emploi des prestations en nature affectées par le conseil municipal de la commune d , à l'acquittement du contingent de cette commune, dans les dépenses du chemin vicinal de grande communication, n° , de à , en 18 ; ledit état d'emploi approuvé par nous et transmis à M. le maire de , le , avec l'invitation d'adresser aux prestataires les réquisitions prescrites par les art. du réglement général du ;

Vu le rapport de M. l'agent-voyer de l'arrondissement de , en date du , constatant que les avertissements nécessaires n'ayant pas été délivrés, aucun prestataire ne s'est présenté sur l'atelier indiqué;

Vu l'avis de M. l'agent-voyer en chef;

Vu les art. 5 et 9 de la loi du 21 mai 1836, et l'art. 15 de celle du 18 juillet 1837;

Arrêtons ce qui suit :

Art. 1er. Le sieur est délégué pour adresser les réquisitions prescrites, aux prestataires de la commune de , selon les indications contenues dans l'état d'emploi approuvé par nous le , et pour diriger l'emploi des prestations en nature qu'ils exécuteront en conséquence.

Art. 2. Il se conformera aux dispositions des art. du réglement général du , en ce qui concerne les réquisitions, les certificats de libération et les émargements de l'extrait de rôle.

Art. 3. Il nous sera fourni un compte des prestations exécutées en nature avec la liste des contribuables devenus débiteurs en argent de leur prestation.

Art. 4. M. l'agent-voyer en chef assurera l'exécution du présent arrêté.

Fait à , lesdits jour et an.

[Modèle n° 57.]

CHEMINS VICINAUX
DE GRANDE COMMUNICATION.

Pour le

ADJUDICATION DÉFINITIVE,

AU RABAIS,

PAR VOIE DE SOUMISSIONS CACHETÉES,

DES OUVRAGES A FAIRE,

POUR

Les entrepreneurs qui voudront concourir à cette adjudication, rédigeront, sur papier timbré, dans la forme du modèle ci-après, une soumission qu'ils placeront sous une enveloppe cachetée. Toute soumission, pour être valable, devra être conforme au modèle et ne pas présenter de fraction de centime de rabais.

Les soumissions seront reçues, ledit jour , heure , dans la salle . Elles seront ouvertes par le préfet, le conseil de préfecture assemblé, en présence d'un membre du conseil général, d'un membre du conseil d'arrondissement et de l'agent-voyer en chef.

Nul ne sera admis à concourir, s'il n'a les qualités et la solvabilité requises pour entreprendre les travaux et en assurer la bonne exécution. Pour garantie de cette exécution, chaque soumissionnaire devra s'engager à déposer, aussitôt l'adjudication, des valeurs en argent ou des effets publics ayant cours sur la place, jusqu'à concurrence du du montant de l'estimation des travaux, ou à hypothéquer jusqu'à concurrence de la même somme des immeubles à lui appartenant; ou bien il fournira une promesse valable de cautionnement par un tiers, qui s'obligera, soit à déposer à l'instant même de l'adjudication des fonds ou des effets publics, soit à hypothéquer des immeubles, également jusqu'à concurrence du de l'estimation. En cas d'affectation hypothécaire par le soumissionnaire ou sa caution, les biens offerts en garantie devront être francs d'hypothèque, ou représenter, nonobstant les hypothèques dont ils seraient grevés, une valeur suffisante pour la garantie; à cet effet sera joint un certificat du conservateur des hypothèques, constatant la situation hypothécaire du soumissionnaire ou de sa caution. Les titres de propriété devront être produits.

Ces engagements, promesses ou certificats seront annexés à la soumission, mais sous une enveloppe particulière.

L'adjudicataire paiera comptant les frais d'enregistrement, réduits au droit fixe d'un franc, par l'art. 20 de la loi du 21 mai 1836; et ceux d'affiches, impression, insertion, timbre, expédition et inscription, s'il y a lieu, au bureau des hypothèques.

On peut prendre connaissance du devis et de l'estimation, a.

A , le

Le Prefet,

MODÈLE DE SOUMISSION.

Je soussigné demeurant à département d , après avoir pris connaissance des devis et détail estimatif rédigés par M. l'agent-voyer d'arrondissement pour les travaux désignés sous l'article de l'affiche du , à faire sur la ligne vicinale n° , de à , me soumets et m'oblige à exécuter, conformément à ce devis et au cahier des charges, les ouvrages indiqués, à centimes par franc de rabais sur les prix dudit détail.

Fait à , le

[Modèle N° 58.]

CHEMINS VICINAUX
de grande
COMMUNICATION.

Ligne N°

Adjudication de travaux.

L'an mil huit cent , le , heures d , à , en l'hôtel de la préfecture, salle d ;

Nous, Préfet du département d , assisté de MM. membres du conseil de préfecture, de M. membre du conseil général, de M. membre du conseil d'arrondissement, et de M. l'agent-voyer en chef;

En conséquence des publications faites par affiches apposées dans les communes de ce département et envoyées à MM. les préfets des départements limitrophes;

Nous sommes rendu au lieu ci-dessus indiqué, à l'effet de procéder à l'adjudication, par voie de soumissions cachetées, des travaux à faire pour.
selon le devis approuvé par nous, le , lesdits travaux estimés, suivant le détail estimatif annexé au devis, à la somme de , non compris une somme à valoir pour dépenses imprévues.

La séance publique étant ouverte, il a été déposé sur le bureau paquets. Le premier cachet ayant été rompu, il a été dressé un état des pièces contenues sous ce premier cachet. L'état dressé, les concurrents se sont retirés de la salle, et, après avoir consulté les fonctionnaires présents, nous avons reconnu que les sieurs
présentaient la capacité et la solvabilité suffisantes pour être admis à concourir à l'adjudication.

La séance étant redevenue publique, nous avons donné lecture de la liste des concurrents agréés, dont nous avons aussitôt ouvert les soumissions. De ces soumissions, il est résulté qu'il a été offert, pour exécuter les travaux,

Par le sieur un rabais de centimes par franc de l'estimation jointe au devis;

Par le sieur un rabais de

Par le sieur etc.

Le sieur ayant fait l'offre la plus avantageuse, nous l'avons déclaré adjudicataire de l'entreprise des travaux ci-dessus désignés, moyennant les prix déterminés au détail estimatif joint au devis, diminués de centimes par franc, ce qui donne la somme totale de , et sous les clauses, charges et conditions énoncées audit devis.

Et à l'instant, pour garantie de l'exécution de ces travaux, le sieur a affecté et hypothéqué , etc., ledit immeuble estimé par l'adjudicataire à la somme de , et déclarée par lui franc de priviléges et d'hypothèques.

Fait, en séance, à , lesdits jour et an. Et nous avons signé, avec les membres du conseil de préfecture, le membre du conseil général, le membre du conseil d'arrondissement, l'agent-voyer en chef et l'adjudicataire.

[MODÈLE N° 59.]

CHEMINS VICINAUX
de grande
COMMUNICATION.

Ligne N°

Adjudication.

Cautionnement
en numéraire.

Du

Nous, PRÉFET du département de

Vu :

1°. Le procès-verbal d'adjudication dressé par nous, en conseil de préfecture, le , constatant que nous avons déclaré le sieur adjudicataire de l'entreprise d

2°. L'affiche du , faisant connaître que les adjudicataires des travaux sus-énoncés, pour cautionnement de l'exécution desdits travaux, déposeront des valeurs mobilières ou hypothéqueront des immeubles jusqu'à concurrence du de l'estimation ;

3°. Les lois du 28 nivôse an XIII et du 28 avril 1816, les ordonnances royales des 22 mai, 3 juillet et 4 décembre 1836, et l'arrêté du ministre des finances du 1er juin 1839 ;

Considérant que les travaux adjugés au sieur sont évalués, par le devis de l'entreprise, à , et que le cautionnement à fournir s'élève, par conséquent, à

Considérant que le sieur a déclaré vouloir garantir l'exécution des travaux à lui adjugés au moyen d'un dépôt de numéraire ;

ARRÊTONS ce qui suit :

Art. 1er. Le receveur général des finances est autorisé à recevoir, du sieur , la somme de , à titre de cautionnement de l'entreprise des travaux qui lui ont été adjugés le . Il nous sera justifié du versement de cette somme.

Art. 2. Ladite somme sera rendue au déposant, après l'exécution parfaite des travaux dont il s'agit, et en vertu de notre autorisation, qui sera donnée sur le rapport de M. l'agent-voyer en chef.

Art. 3. Le receveur général des finances est chargé de l'exécution du présent arrêté.

Fait à , lesdits jour et an.

[Modèle n° 60.]

CHEMINS VICINAUX
de grande
COMMUNICATION.

Ligne n°

Adjudication
de travaux.

Cautionnement.

Cejourd'hui , mil huit cent ,

Devant nous, Préfet du département de ,

A comparu le sieur , demeurant à ,

Lequel, après avoir pris connaissance d'un procès-verbal dressé par nous, en conseil de préfecture, le , constatant que le sieur s'est rendu adjudicataire de l'entreprise des travaux à exécuter pour la construction du chemin vicinal de grande communication, n° , de à , entre et , sur une longueur de , moyennant la somme de , déduction faite du rabais,

A déclaré se rendre caution dudit sieur et s'est obligé solidairement avec lui, à l'exécution des travaux ci-dessus désignés et à l'accomplissement de toutes les clauses, charges et conditions de ladite adjudication.

Et, pour sûreté de ce cautionnement, le sieur a affecté et hypothéqué

Ledit immeuble estimé par le sieur , caution, à la somme de , et déclaré par lui franc de privilèges et d'hypothèques.

Fait à , lesdits jour et an. Et après lecture faite, le comparant et l'adjudicataire, à ce intervenant, ont signé avec nous

[Modèle n° 61.]

CHEMINS VICINAUX
de grande
COMMUNICATION.

Ligne N°

Autorisation
de mise en régie.

Entreprise
du sieur

Du

Nous, Préfet du département d

Vu l'avis de M. l'agent-voyer en chef, en date du portant que le sieur entrepreneur, suivant procès-verbal d'adjudication dressé par nous, en conseil de préfecture, le , des travaux de construction de la partie du chemin vicinal de grande communication, n° , de à , comprise entre et , est en retard d'effectuer ces travaux, et qu'il est nécessaire d'en ordonner l'exécution par régie;

Vu l'art. 21 des conditions générales imposées aux entrepreneurs de travaux des ponts et chaussées, auxquelles est soumis ledit sieur , aux termes du procès-verbal d'adjudication sus-datée et du devis y énoncé;

Arrêtons ce qui suit :

Art. 1er. M. l'agent-voyer en chef est autorisé à faire achever par régie les travaux prescrits au sieur , au moyen de l'état d'indication qui lui a été remis, si, dans le délai de à partir de la notification du présent arrêté, il ne se trouve, sur les lieux de l'entreprise, un atelier de ouvriers au moins, dirigé par un agent capable et actif.

Art. 2. Le paiement du prix des travaux par régie, fait directement entre les mains du régisseur ou des ouvriers, sera considéré comme effectué à l'entrepreneur lui-même.

Art. 3. M. l'agent-voyer en chef est chargé d'assurer l'exécution du présent arrêté, et de le faire notifier immédiatement à l'entrepreneur.

Fait à , lesdits jour et an.

[Modèle n° 62.]

CHEMINS VICINAUX
de grande
COMMUNICATION.

Ligne N°

Résiliation d'adjudication, et réadjudication sur folle enchère.

Entreprise du sieur

Du

Nous, Préfet du département d

Vu le rapport de M. l'agent-voyer en chef, en date du , constatant que le sieur , entrepreneur, suivant procès-verbal d'adjudication dressé par nous, en conseil de préfecture, le , des travaux de construction de la partie du chemin vicinal de grande communication, n° , de à , comprise entre et , n'a point, malgré la notification qui lui a été faite de notre arrêté du , placé un nombre suffisant d'ouvriers pour l'achèvement des travaux qui lui ont été indiqués; que ledit sieur a cédé une partie de ces travaux à une personne inhabile et insolvable; qu'il est lui-même insolvable; et nous proposant, en conséquence, de résilier l'adjudication du

Vu notre arrêté dudit jour ;

Vu le certificat du , délivré par M. le maire de , constatant l'état d'insolvabilité du sieur ;

Vu les art. 4, 5 et 21 des conditions générales imposées aux entrepreneurs de travaux des ponts et chaussées, auxquelles est soumis ledit sieur aux termes du procès-verbal d'adjudication sus-daté et du devis y énoncé;

Considérant que le sieur a contrevenu à l'art. 4 des conditions générales; qu'il n'a point déféré à notre arrêté du , et qu'il est insolvable;

Arrêtons ce qui suit :

Art. 1er. L'adjudication prononcée le , au profit du sieur , de l'entreprise des travaux à faire pour la construction d'une partie du chemin vicical de grande communication, n° , de à , est résiliée.

Art. 2. Il sera procédé à une nouvelle adjudication des travaux dont il s'agit, sur la folle enchère du sieur

Art. 3. M. le sous-préfet de et M. l'agent-voyer en chef sont chargés, chacun en ce qui le concerne, de la notification et de l'exécution du présent arrêté.

Fait à , lesdits jour et an.

[Modèle n° 63.]

CHEMINS VICINAUX
de grande
COMMUNICATION.

Ligne n°

Extraction de matériaux.

Du

Nous, Préfet du département d ;

Vu le rapport de M. l'agent-voyer en chef, en date du , constatant que la carrière désignée dans le devis de l'entreprise des travaux à exécuter sur la ligne vicinale n° , de à , entre et , adjugée au sieur , suivant procès-verbal du , étant épuisée, il est nécessaire de désigner, pour qu'il en soit extrait les pierres dites nécessaires à cette entreprise, une pièce de terre appartenant au sieur , située sur le territoire de , au lieudit , et contenant ares centiares;

Vu l'art. 17 de la loi du 21 mai 1836 et l'instruction ministérielle du 24 juin suivant;

Arrêtons ce qui suit :

Art. 1er. Le sieur , entrepreneur, est autorisé à faire extraire les pierres nécessaires à l'exécution des travaux dont il est adjudicataire suivant le procès-verbal ci-dessus relaté, d'une pièce de terre située sur le territoire de , au lieudit , contenant ares centiares, et appartenant au sieur .

Art. 2. Le présent arrêté sera notifié administrativement au propriétaire ci-dessus dénommé, au moins dix jours avant l'ouverture des travaux d'extraction. Cette notification sera constatée par un récépissé de l'arrêté, signé de la partie intéressée, ou par un procès-verbal de l'agent qui en aura été chargé.

Art. 3. Dans le délai de à partir de ladite notification, le propriétaire nommera son expert pour procéder à la reconnaissance de l'état des lieux et à l'évaluation de l'indemnité, et fera connaître son choix à M. le sous-préfet de . A l'expiration de ce délai, M. le sous-préfet, si le propriétaire a négligé ou refusé de nommer son expert, ou n'a pas fait connaître son choix, le nommera d'office; il choisira également le second expert.

Art. 4. Il sera, par les experts, procédé, avant l'ouverture des travaux, à la reconnaissance de l'état des lieux.

Art. 5. Dans le cas où l'indemnité ne pourrait être réglée à l'amiable, elle sera fixée par le conseil de préfecture, sur le rapport des experts. En cas de discord, le tiers-expert sera nommé par le conseil de préfecture.

Art. 6. M. le sous-préfet de et M. l'agent-voyer en chef sont chargés, chacun en ce qui le concerne, de l'exécution du présent arrêté.

Fait à , lesdits jour et an.

[Modèle n° 64.]

DÉPARTEMENT

d

FONDS

d

N°

du journal des certificats.

SOMME A PAYER

ci.......

CETIFICATS DÉLIVRÉS SUR LES FONDS DE TOUTE NATURE des exercices antérieurs et de l'exercice courant.		
Exercices.	Nature des fonds.	Montant des certificats
	Total...	
Montant du présent certificat......		
L'entrepreneur aura reçu........		
Les dépenses s'élèvent à........		
Partant, il sera en avance, pour garantie de son marché, de...		

CHEMINS VICINAUX

DE GRANDE COMMUNICATION.

CERTIFICAT POUR PAIEMENT.

e à-compte.

Ligne vicinale N°

de *à*

Construction de cette ligne
entre *et*

L'agent-voyer en chef du département d ,
soussigné,

Vu l'état de situation dressé par M. l'agent-voyer d'arrondissement d , constatant que les ouvrages exécutés par le sieur , entrepreneur, demeurant à , en vertu de l'adjudication prononcée à son profit le , s'élèvent, déduction faite du rabais et de la retenue de garantie, à ,

Certifie qu'il peut être payé audit sieur , sur le montant cumulé des ordonnances déléguées au préfet, sur le chapitre du budget de l'exercice 18 , fonds d , la somme de (*en toutes lettres*).

Fait à , le

Vu par le Préfet,

[Modèle n° 65.]

Département d

PROJET DE BUDGET DE LA VICINALITÉ,

POUR L'EXERCICE 18

Numéro d'ordre des articles.	NATURE DES DÉPENSES.	CRÉDITS DEMANDÉS
	1re Section.	
	Chemins vicinaux de grande communication.	
1	Ligne N° de à Construction ou entretien.	
2	Ligne N° de à Entretien. .	
	Etc.	
	2e Section.	
	Charges du personnel.	
3	Agent-voyer en chef. Traitement	
4	——————— Frais de bureau et de tournées. .	
5	Agents-voyers d'arrond^t. Traitements (à f.).	
6	——————— Frais de bureau et de tournées.	
7	Agents-v. conducteurs de 1re classe. Traitements (à f.)	
8	——————— de 2e classe. Traitements (à f.)	
9	——————— de 3e classe. Traitements (à f.)	
10	Gratifications	
	Total.	

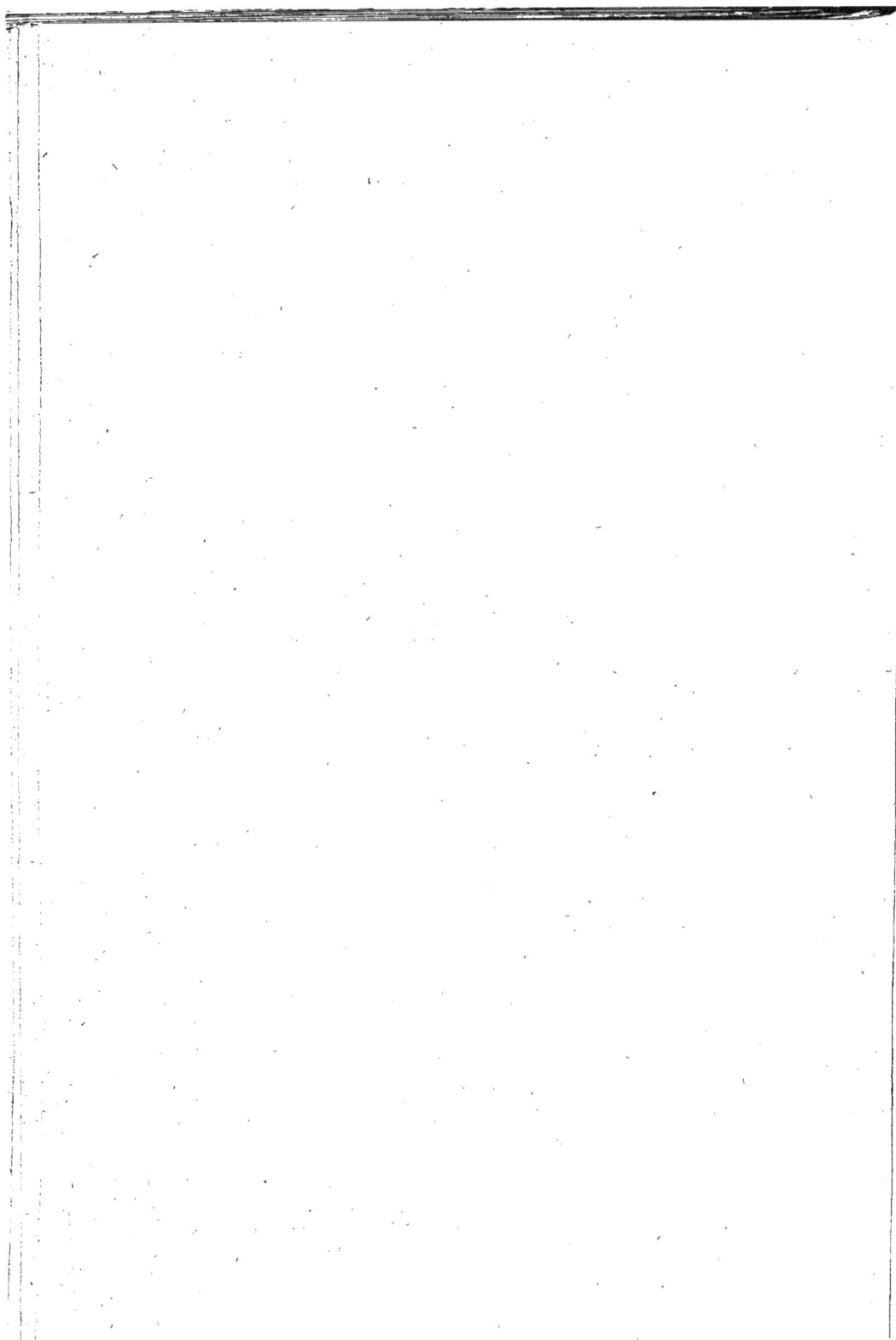

[Modèle n° 66.]

CHEMINS VICINAUX

DE GRANDE COMMUNICATION.

Département d

LIVRE DE COMPTABILITÉ

DE

L'AGENT-VOYER EN CHEF.

Exercice 18

A

CRÉDITS AFFECTÉS AUX TRAVAUX.

DATE des NOTIFICATIONS.	ORIGINE DES CRÉDITS.	MONTANT DES CRÉDITS PAR LIGNE.																	
		Ligne n° 1.	2.	3.	4.	5.	6.	7.	8.	9.	10.	11.	12.	13.	14.	15.	16.	17.	18.
	1° Crédits en argent.																		
25 janvier 18 ...	Subvention départementale																		
1er février	Contingents communaux..																		
1er id.	Offres																		
15 avril.	Contingents communaux .																		
	Totaux.......																		
	2° Crédits de prestations en nature.																		
15 février 18 ...	Contingents communaux																		
25 mars.........	Id.m..............																		
25 id.........	Offres..................																		
	Totaux........																		
	Prestations devenues exigibles en argent.........																		
	Reste..............																		

SUBVENTIONS COMMUNALES ET PARTICULIÈRES EN ARGENT.

RECOUVREMENTS.

DATE DES NOTIFICATIONS.	LIGNES NUMÉRO																												
	1.	2.	3.	4.	5.	6.	7.	8.	9.	10.	11.	12.	13.	14.	15.	16.	17.	18.	19.	20.	21.	22.	23.	24.	25.	26.	27.	28.	29.

C

ORDONNANCES DE DÉLÉGATION

Délivrées sur les subventions communales et particulières en argent.

DATE des NOTIFICATIONS.	DATE des ORDONNANCES.	SOMMES.	*OBSERVATIONS.*

D

JOURNAL D'INSCRIPTION

Des Certificats pour paiement.

No d'ordre.	No des comptes ouverts.	PARTIES PRENANTES.	DATE des certificats.	MONTANT des certificats délivrés sur la subvention départementale.	MONTANT des certificats délivrés sur les subventions communales et particulières.	Observations.

E

COMPTE OUVERT N°

Ligne N° de à

CRÉDITS en argent disponibles.

DATE des NOTIFICATIONS.	NATURE DES FONDS.	SOMMES.
	Subvention départementale.	
	Subventions communales et particulières.	
	TOTAL.	

CERTIFICATS pour paiement délivrés.

N° d'ordre du JOURNAL.	N° des comptes auxiliaires.	PARTIES PRENANTES	DATE des CERTIFICATS.	MONTANT DES CERTIFICATS DÉLIVRÉS sur		OBSERVATIONS.
				la subvention départementale.	les subventions communales et particulières.	

F

COMPTE OUVERT N°

Traitement et frais de bureau et de tournées de l'Agent-Voyer en chef.

CRÉDITS.

Traitement . . . .

Frais de bureau et de tournées . . . .

TOTAL. . . . .

CERTIFICATS pour paiement délivrés.

NUMÉRO D'ORDRE du journal.	DATE DES CERTIFICATS.	MONTANT.	*OBSERVATIONS.*

G

COMPTE AUXILIAIRE N°

(Compte ouvert N°   )

CERTIFICATS DÉLIVRÉS sur les fonds des exercices antérieurs.		
Exercices.	Nature des fonds.	Montant.

Ligne vicinale N°   de   à

Construction de la partie comprise entre
et   , d'une longueur de   estimée
à...
non compris une somme à valoir, pour dépenses imprévues, de...

TOTAL.............

ADJUDICATION *prononcée le*   *, moyennant un rabais de*   .

LE S^r   ENTREPRENEUR.

DÉPENSES FAITES		CERTIFICATS DÉLIVRÉS.				OBSERVATIONS
				MONTANT SUR		
ÉPOQUES.	MONTANT.	Numéro du journal	DATES.	la subvention départementale.	les subventions communales et particulières.	

H

COMPTE AUXILIAIRE N°

(COMPTE OUVERT N°)

CERTIFICATS DÉLIVRÉS sur les fonds des exercices antérieurs.		
Exercices.	Nature des fonds.	Montant.

Ligne vicinale N° de à

EXTRETIEN de la partie comprise entre et , d'une longueur de .

BAIL DE ANS, *passé le moyennant les prix de la série du détail estimatif, diminués du rabais de*

Le sieur , Entrepreneur.

DÉPENSES FAITES.		CERTIFICATS DÉLIVRÉS.				OBSERVATIONS.
				MONTANT SUR		
ÉPOQUES.	MONTANT.	Numéro du journal.	DATES.	la subvention départementale.	les subventions communales et particulières.	

I

Compte auxiliaire N°

(COMPTE OUVERT N°   )

Ligne vicinale N°   de   à

INDEMNITÉS DE TERRAINS *occupés par la partie de cette ligne comprise entre   et*

DATE des notifications de l'exigibilité des indemnités.	NOMS des particuliers qui ont droit aux indemnités.	CERTIFICATS DÉLIVRÉS.			OBSERVATIONS.
		N° du journal.	DATES.	MONTANT.	

J

DÉCOMPTE DES PRESTATIONS *compris dans les états d'emploi mis à exécution.*

Noms des lignes vicinales	Pendant le mois d'Avril.			Pendant le mois de Mai.			Totaux au 31 Mai.			Pendant le mois de Juin.			Totaux au 30 Juin.			OBSERVATIONS.
	Acquittées en nature.	Exigibles en argent.	Total.	Acquittées en nature.	Exigibles en argent.	Total.	Acquittées en nature.	Exigibles en argent.	Total.	Acquittées en nature.	Exigibles en argent.	Total.	Acquittées en nature.	Exigibles en argent.	Total.	

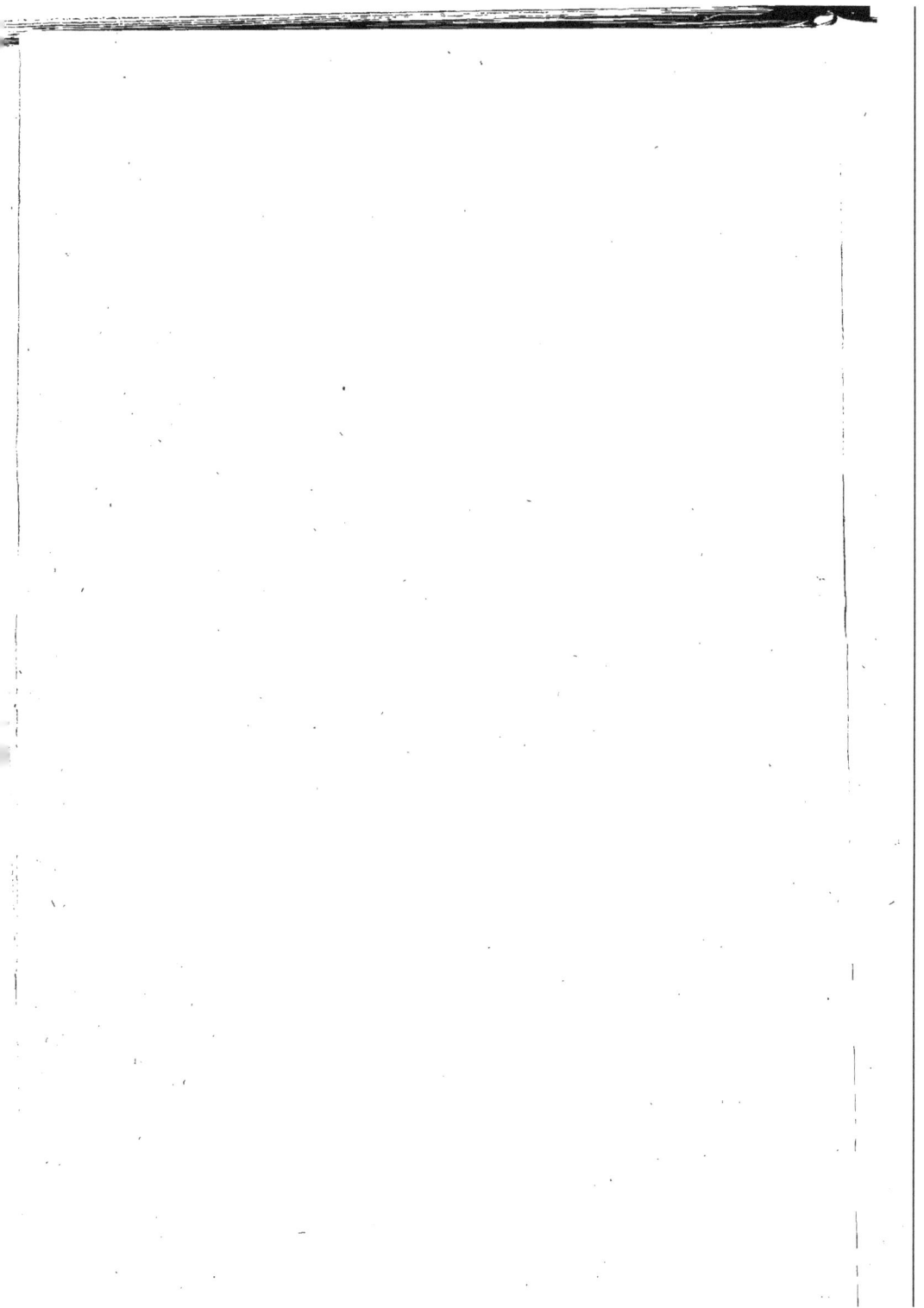

[Modèle n° 67.]

CHEMINS VICINAUX
DE GRANDE COMMUNICATION.

Département d

Arrondissement d

LIVRE DE COMPTABILITÉ

DE

L'AGENT-VOYER DE L'ARRONDISSEMENT

d

Exercice 18

CRÉDITS AFFECTÉS AUX TRAVAUX.

DATE des NOTIFICATIONS.	ORIGINE DES CRÉDITS.	MONTANT DES CRÉDITS PAR LIGNE.																	
		Ligne N° .	N° .	N° .	N° .	N° .	N° .	N° .	N° .	N° .	N° .	N° .	N° .	N° .	N° .	N° .	N° .	N° .	N° .
	1° Crédits en argent.																		
26 janvier 18 ...	Subvention départementale																		
15 août	Contingents communaux..																		
	Totaux.......																		
	2°. Crédits en prestations en nature.																		
16 février 18 ...	Contingents communaux..																		
26 mars.........	Offres..................																		
	Totaux.......																		
	Prestations devenues exigibles en argent........																		
	Reste.............																		

B

COMPTE OUVERT N°

Ligne N° *de* *à*

CRÉDITS en argent.

DATE DES NOTIFICATIONS.	SOMMES.

DÉPENSES faites et paiements effectués.

N° des comptes auxiliaires.	NATURE DES DÉPENSES et parties de lignes auxquelles elles s'appliquent.	ÉPOQUES où LES DÉPENSES ont été faites.	MONTANT.	CERTIFICATS POUR PAIEMENT DÉLIVRÉS.		OBSERVATIONS.
				Date.	Montant.	

C

COMPTE AUXILIAIRE N°

(Compte ouvert N°)

CERTIFICATS pour paiement délivrés sur les fonds des exercices antérieurs.	
Exercices.	Montant.

Ligne vicinale N° de à

Construction de la partie comprise entre et , d'une longueur de estimée à..
non compris une somme à valoir, pour dépenses imprévues, de..

TOTAL..............

ADJUDICATION *prononcée le , moyennant un rabais de* .

LE Sr ENTREPRENEUR.

DÉPENSES FAITES		CERTIFICATS POUR PAIEMENT DÉLIVRÉS.		OBSERVATIONS.
ÉPOQUES.	MONTANT.	DATE DES CERTIFICATS.	MONTANT.	

D

Compte auxiliaire No

(Compte ouvert N°   )

Ligne vicinale N°   de   à

INDEMNITÉS DE TERRAINS *occupés par la partie de cette ligne comprise entre   et*

NOMS DES PARTICULIERS qui ont droit aux indemnités.	MONTANT des indemnités.	CERTIFICATS POUR PAIEMENT DÉLIVRÉS.		OBSERVATIONS.
		DATES.	MONTANT.	

E

COMPTE AUXILIAIRE N°

(Compte ouvert N°)

Ligne vicinale N° de à

DÉPENSES DIVERSES.

DÉPENSES FAITES.				CERTIFICATS pour paiement délivrés.		OBSERVATIONS.
ÉPOQUES.	NATURE des dépenses et parties de lignes auxquelles elles s'appliquent.	NOMS des CRÉANCIERS.	MONTANT.	DATES.	MONTANT.	

F

DÉCOMPTE des prestations *compris dans les états d'emploi mis à exécution.*

Numéro des lignes vicinales.	Pendant le mois d'Avril.			Pendant le mois de Mai.			Totaux au 31 Mai.			Pendant le mois de Juin.			Totaux au 30 Juin.			OBSERVATIONS.
	Acquittées en nature.	Exigibles en argent.	Total.	Acquittées en nature.	Exigibles en argent.	Total.	Acquittées en nature.	Exigibles en argent.	Total.	Acquittées en nature.	Exigibles en argent.	Total.	Acquittées en nature.	Exigibles en argent.	Total.	

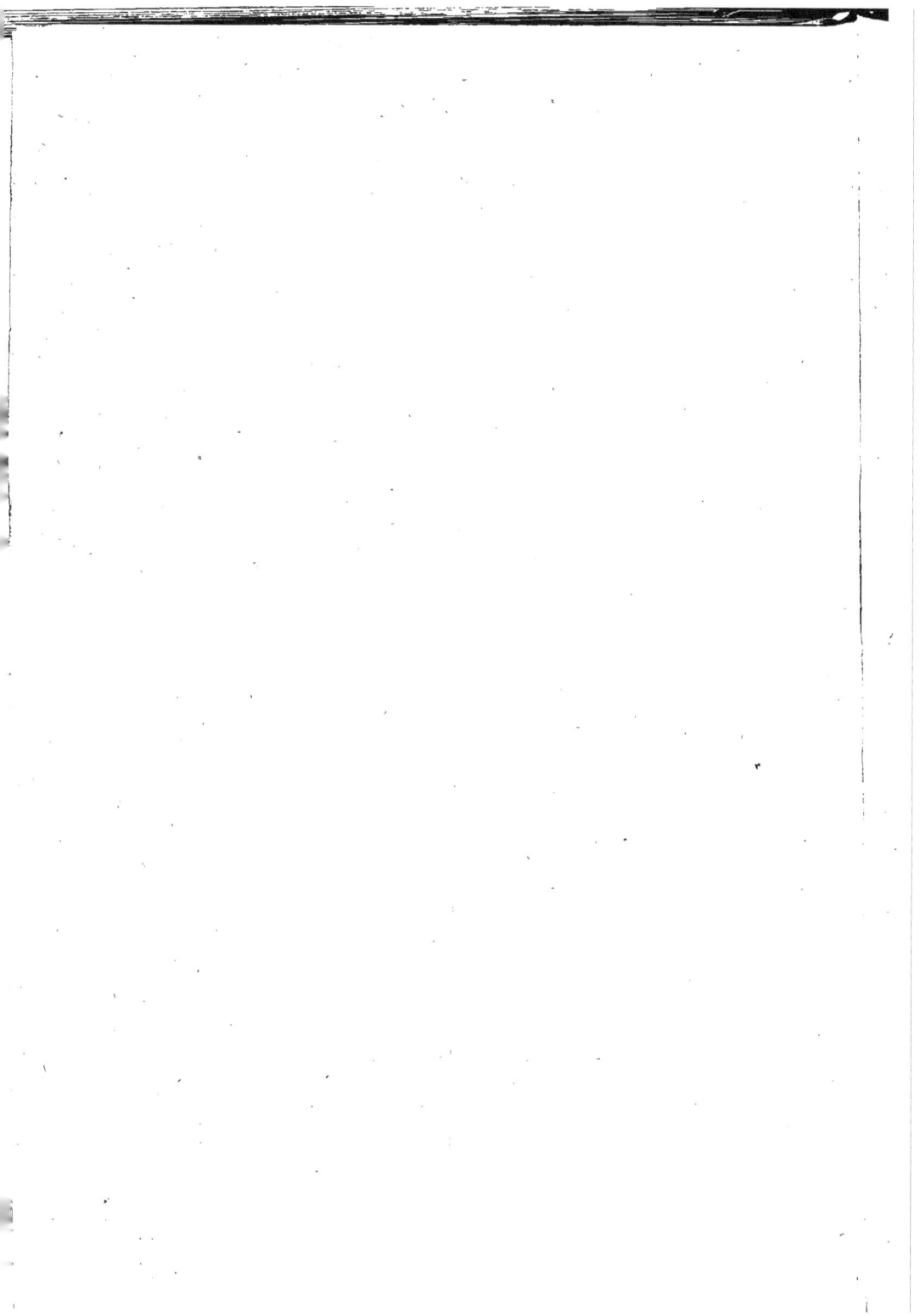

[Modèle n° **68**.]

CHEMINS VICINAUX DE GRANDE COMMUNICATION.

Département d

Arrondissement d

Exercice 18

Mois d

ÉTAT SOMMAIRE

Des dépenses du service des chemins vicinaux de grande communication de l'arrondissement d ,
au 18 .

N° des lignes vicinales.	NATURE DES DÉPENSES.	CRÉDITS EN ARGENT — Subvention départementale.	CRÉDITS EN ARGENT — Subventions communales et particulières.	CRÉDITS EN ARGENT — TOTAL.	DÉPENSES FAITES sur LES CRÉDITS EN ARGENT, — pendant le mois d	DÉPENSES FAITES sur LES CRÉDITS EN ARGENT, — pendant les mois antérieurs.	DÉPENSES FAITES sur LES CRÉDITS EN ARGENT, — TOTAL.	MONT des certif pour paiem délivr	PRESTATIONS EN NATURE — à employer.	PRESTATIONS EN NATURE — COMPRISES DANS LES ÉTATS D'EMPLOI MIS A EXÉCUTION, — pendant le mois d — Acquittées en nature.	pendant le mois d — Exigibles en argent.	pendant le mois d — TOTAL.	pendant les mois antérieurs. — Acquittées en nature.	pendant les mois antérieurs. — Exigibles en argent.	pendant les mois antérieurs. — TOTAL.	TOTAUX. — Acquittées en nature.	TOTAUX. — Exigibles en argent.	TOTAUX. — TOTAL.	OBSERVATIONS. — Indiquer les causes des retards apportés dans l'emploi des crédits, soit en argent, soit en prestations en nature ; signaler les négligences des entrepreneurs, et donner tous les renseignements propres à faire connaître la situation du service.

Dressé par l'Agent-Voyer d'arrondissement, soussigné.
A   le

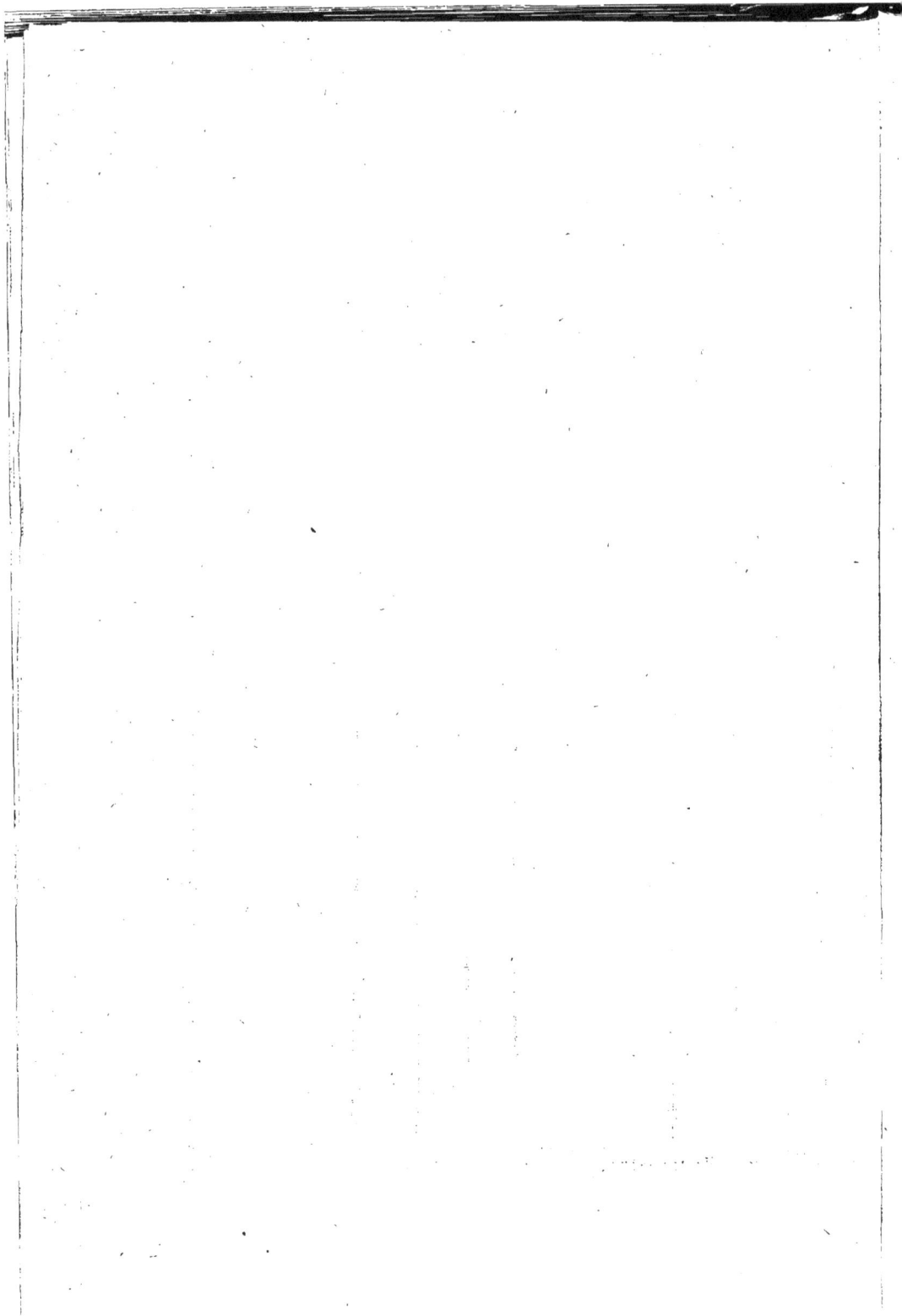

[Modèle n° 69.]

CHEMINS VICINAUX

DE GRANDE COMMUNICATION.

Département d

Exercice 18

Mois d

ÉTAT

DE SITUATION SOMMAIRE

Des dépenses du service des chemins vicinaux de grande communication du département d

au 18

N° des lignes vicinales.	NATURE DES DÉPENSES.	CRÉDITS EN ARGENT.			DÉPENSES FAITES sur LES CRÉDITS EN ARGENT.			PRESTATIONS EN NATURE										OBSERVATIONS.
									COMPRISES DANS LES ÉTATS D'EMPLOI MIS A EXÉCUTION.									
									pendant le mois d			pendant les mois antérieurs.			TOTAUX.			
		Subvention départementale.	Subventions communales et particulières.	TOTAL.	pendant le mois d	pendant les mois antérieurs.	Tota[illegible] au[illegible]	à employer.	Acquittées en nature.	Exigibles en argent.	TOTAL.	Acquittées en nature.	Exigibles en argent.	TOTAL.	Acquittées en nature.	Exigibles en argent.	TOTAL.	Indiquer les causes des retards apportés dans l'emploi des crédits, soit en argent, soit en prestations en nature; signaler les négligences des entrepreneurs, et donner tous les renseignements propres à faire connaître la situation du service.
	SECTION Ire. TRAVAUX.																	
	SECTION II. CHARGES DU PERSONNEL.																	

BALANCE

Des certificats pour paiement délivrés, sur les dépenses faites sur les crédits en argent.

Les dépenses faites sur les crédits en argent, sont de . . . .

Les certificats pour paiement s'élèvent, SAVOIR :	Suivant le dernier état, à . .	
	Ceux qui ont été délivrés pendant le mois d à. .	

Dépenses non certifiées. . . . .

FAIT et ARRÊTÉ par l'Agent-Voyer en chef du département d

A le

[Modèle n° 70.]

DÉPARTEMENT
d

Exercice 18
—
MOIS
d

CHEMINS VICINAUX
DE GRANDE COMMUNICATION.

BALANCE,

Au 18 ,

Des certificats pour paiement délivrés, avec les dépenses faites sur les crédits en argent.

Les dépenses faites sont de. . . . .

Les certificats pour paiement s'élèvent, savoir :	Suivant le dernier état, à	
	Ceux qui ont été délivrés pendant le mois d à. . . .	

Dépenses non certifiées. . . . . . .

Fait *et* arrêté *par l'Agent-Voyer en chef du département d*

A le

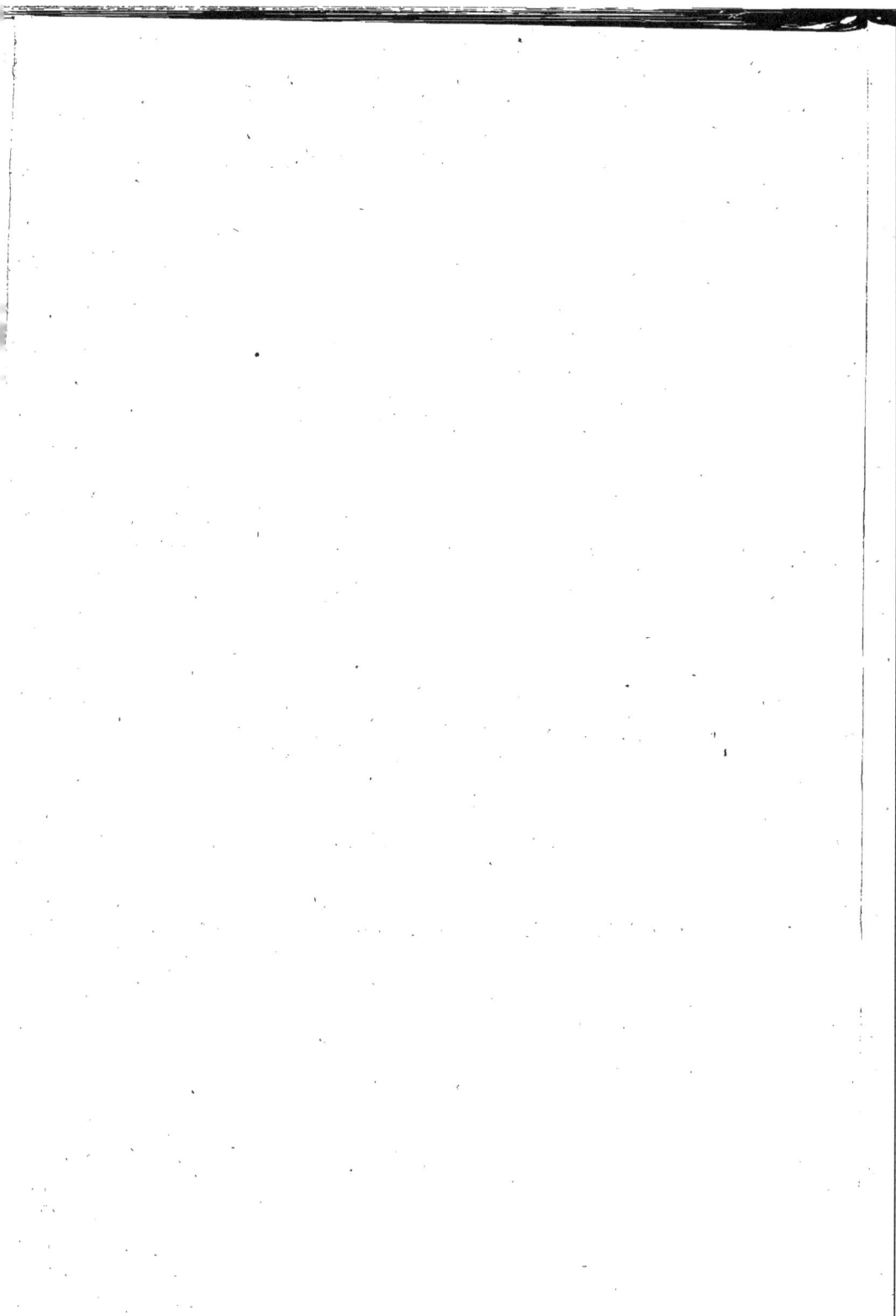

[Modèle n° 71.]

CHEMINS VICINAUX
DE GRANDE COMMUNICATION.

Département d

Arrondissement d

ÉTAT
DE SITUATION DÉFINITIVE

Des ouvrages exécutés et des dépenses faites au 31 décembre 18 , pour le service des chemins vicinaux de grande communication de l'arrondissement d , sur les ressources en argent y affectées.

Exercice 18

TABLEAU DES CRÉDITS EN ARGENT,

Affectés aux dépenses générales des chemins vicinaux de grande communication.

Nos DES CHEMINS.	DÉNOMINATION DES CHEMINS.	MONTANT DES CRÉDITS.

DÉCOMPTES

DES

OUVRAGES EXÉCUTÉS ET DES DÉPENSES FAITES.

DÉCOMPTE

NOMS des entrepreneurs, régisseurs, etc.	DÉNOMINATION DES CHEMINS. — DÉSIGNATION DES ENTREPRISES OU DE LA NATURE des dépenses.	DÉTAIL DES OUVRAGES EXÉCUTÉS ET DES DÉPENSES FAITES. NATURE DES OUVRAGES ET DES FOURNITURES.	N° de la série	QUANTITÉS.	PRIX de la série.	MONTANT des dépenses.
Le S demeurant à	**Chemin N° de à** *Construction entre et sur une longueur de mètres.* Montant du détail estimatif, non compris une somme à valoir de , ci. . . . . Montant de la soumission du S . . ci. Rabais à p 0/0. . . . . Somme à valoir comme ci-dessus. . . . . Montant de l'adjudication prononcée le . . . *Conditions principales de l'adjudication, servant à l'intelligence du décompte.*					
		TOTAL.				
		A déduire le rabais de p. 0/0.				
		RESTE.				
		Déduisant 1/10 pour retenue de garantie				
		RESTE à imputer sur les fonds de l'exercice 18				

Le présent décompte montant à la somme de , imputable sur les fonds de l'exercice 18 , est présenté et certifié par l'Agent-Voyer d'arrondissement, soussigné.

ACCEPTÉ *par l'entrepreneur, soussigné.*

VÉRIFIÉ et ARRÊTÉ par l'Agent-Voyer en chef, soussigné.

DÉCOMPTE.

NOMS des entrepreneurs, régisseurs, etc.	DÉNOMINATION DES CHEMINS. — DÉSIGNATION DES ENTREPRISES ET DE LA NATURE des dépenses.	DÉTAIL DES OUVRAGES EXÉCUTÉS ET DES DÉPENSES FAITES. INDEMNITÉS DE TERRAINS.			MONTANT des DÉPENSES.
		NOMS DES PROPRIÉTAIRES.	DATE DES ACTES DE VENTE ou des jugements d'expropriation.	CONTENANCE DES TERRAINS OCCUPÉS.	
	Chemin N° de à				
Divers.	INDEMNITÉS *pour terrains occupés par la partie de ce chemin comprise entre et*				
		Total des dépenses imputables sur le fonds de l'exercice 18			

Le présent décompte, montant à la somme de , imputable sur les fonds de l'exercice 18 , est présenté et certifié par l'Agent-Voyer d'arrondissement, soussigné.

Vérifié *et* arrêté *par l'Agent-Voyer en chef, soussigné,*

RECAPITULATION.

Nos des chemins.	Nos des décomptes.	DÉSIGNATION DES ENTREPRISES ou DE LA NATURE DES DÉPENSES.	NOMS DES ENTREPRENEURS, régisseurs, etc.	MONTANT des CRÉDITS	MONTANT DES DÉPENSES faites.	PORTIONS DE CRÉDITS non employées.	OBSERVATIONS.
1.	1.	Construction entre et	Le Sr				
	2.	Indemnités de terrains entre et .	Divers........				
	3.	Construction entre et	Le Sr				
	4.						
2.	5.						
	6.						
	7.						
	8.						
	9.						
3.	10.						
	11.						
	12.						
	13.						
			TOTAUX........				

Fait et certifié par l'Agent-Voyer d'arrondissement, soussigné.
A le

Vérifié et arrêté par l'Agent-Voyer en chef du département.
A le

Vu par le Préfet.
A le

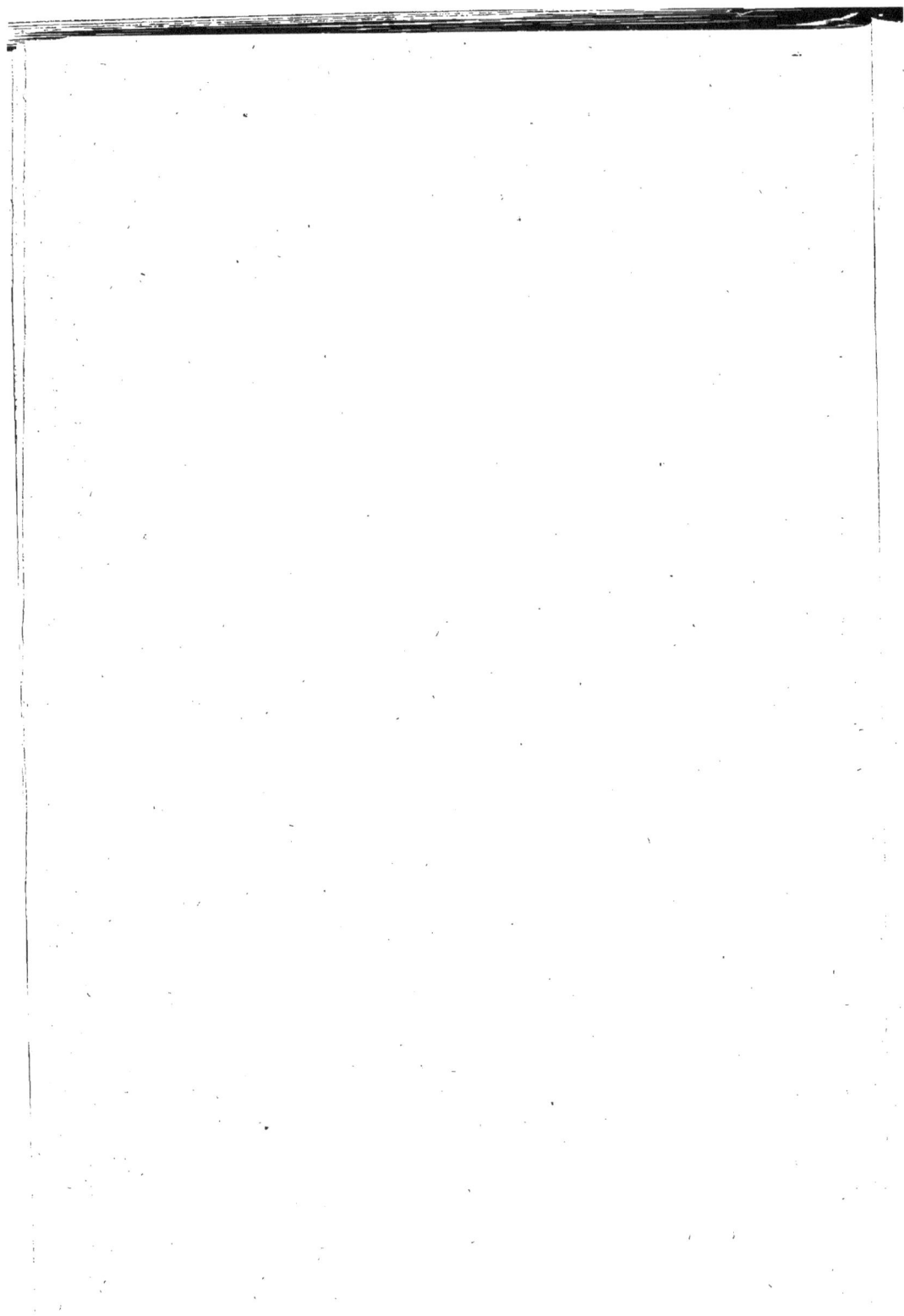

[Modèle n° **72**.]

CHEMINS VICINAUX DE GRANDE COMMUNCATION.

Département d

Bureau de l'Agent-Voyer en chef.

ÉTAT

DE SITUATION DÉFINITIVE

Des dépenses faites au 31 *décembre* 18 , *sur les fonds affectés aux charges du personnel et aux autres dépenses, dont l'Agent-Voyer en chef a particulièrement à rendre compte.*

Exercice 18 .

TABLEAU DES CRÉDITS.

N° D'ORDRE.	NATURE DES DÉPENSES.	MONTANT des CRÉDITS.
	Agent-voyer en chef. Traitement	
	————————— Frais de bureau et de tournées.	
	Agents-voyers d'arrondissement Traitements à	
	——————————————— Frais de bureau et de tournées	
	Agents-voyers conduct. de 1re classe. Traitements (à f.).	
	————————— de 2e classe. Traitements (à f.).	
	Gratifications	
	TOTAL.	

DÉCOMPTES

DES DÉPENSES FAITES.

NATURE DES DÉPENSES.	NOMS des agents-voyers conducteurs, etc.	DÉTAIL DES DÉPENSES FAITES.	MONTANT des DÉPENSES.
Décom… ° 1er.			
Traitement de l'agent-voyer en chef.	N	Traitement à raison de par an, pour mois	
Frais de bureau et de tournées de l'agent-voyer en chef.	N	Frais de bureau et de tournées, à raison de par an, pour mois.	
		Total.	
Décom… ° 2.			
Traitement de agents-voyers d'arrondissement . . .	N	Traitement, à raison de par an, pour l'année	
	N	Traitement, à raison de par an, pour mois.	
	N	Traitement, à raison de par an, pour mois.	
Frais de bureau et de tournées de agents-voyers d'arrondissement.	N	Frais, à raison de par an, pour l'année.	
	N		
	N		
		Total.	

RÉCAPITULATION.

Nos D'ORDRE des décomptes.	NATURE DES DÉPENSES.	MONTANT des CRÉDITS.	MONTANT DES DÉPENSES faites.	PORTIONS DE CRÉDITS non employées.	OBSERVATIONS.
1.	Traitement et frais de l'agent-voyer en chef				
2.	Traitement et frais des agents-voyers d'arrondissement.				
3.	Traitement de conducteurs de 1re classe.				
	TOTAUX.				

Le présent état de situation définitive, montant à la somme de est présenté et certifié par l'Agent-Voyer en chef du département d

A le

Vu par le Préfet.

A le

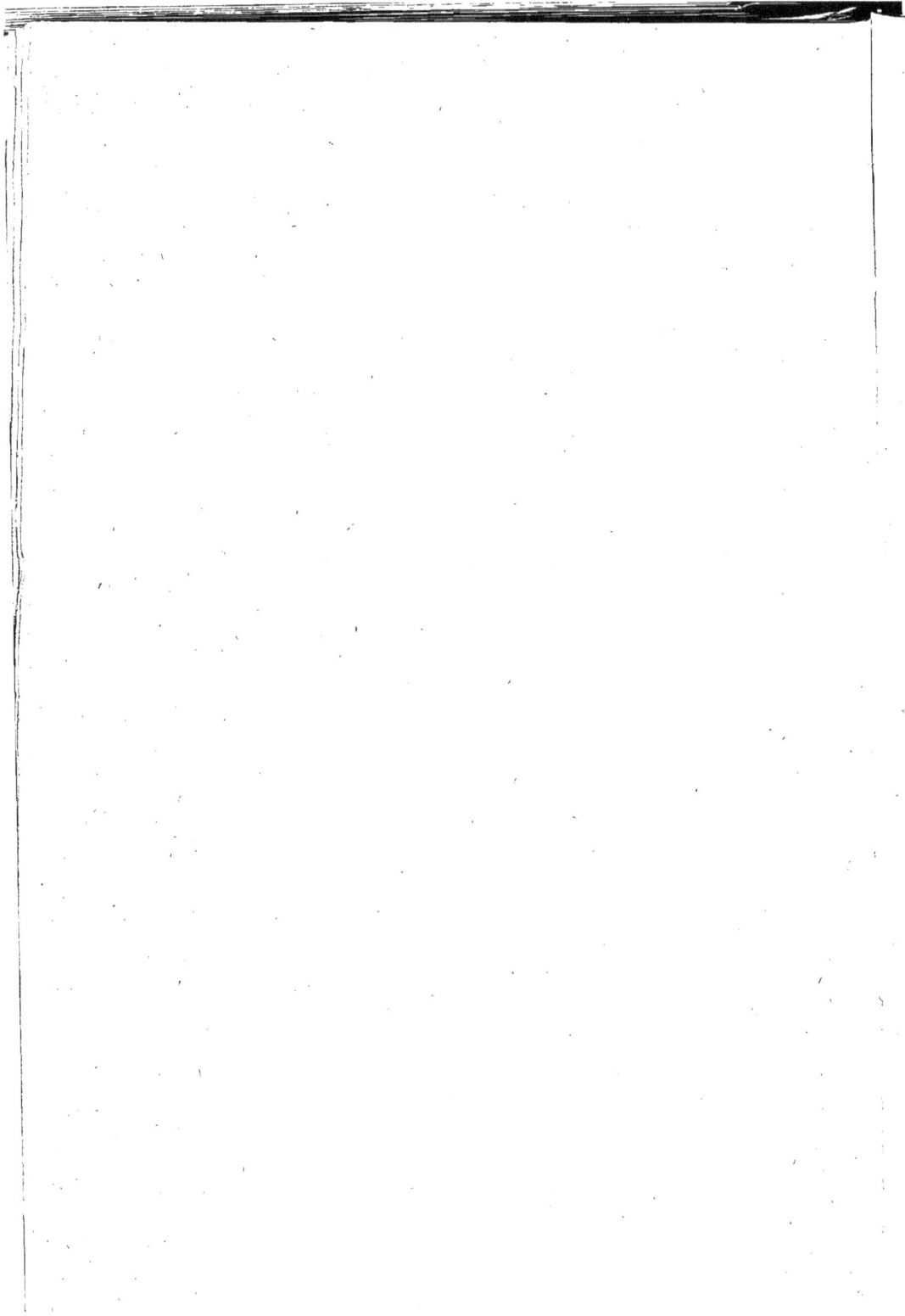

[Modèle n° 73.]

CHEMINS VICINAUX
DE GRANDE COMMUNICATION.

Département d

COMPTE FINAL
ET RÉCAPITULATIF

*Des ouvrages exécutés et des dépenses faites au 31 décembre 18 , pour le service des chemins vicinaux de grande communication du département d ,
sur les ressources en argent y affectées.*

Exercice 18 .

NOMS DES AGENTS-VOYERS dans les décomptes desquels les dépenses sont détaillées.	N° des DÉCOMPTES.	NATURE DES DÉPENSES.	MONTANT DES CRÉDITS EN ARGENT, en subvention départementale.	en subventions communales et particulières	Total.	DÉPENSES FAITES sur la subvention départementale.	sur les subventions communales et particulières	Total.	PORTIONS DE CRÉDITS NON EMPLOYÉES en subvention départementale.	en subventions communales et particulières.	Total.	OBSERVATIONS.
Chemin N° de à												
N agent-voyer d'arrondissement.	1	Construction entre et				1,000 »	5,302 25	6,302 25				
Idem.	2	Entretien entre et				2,050 »	86 »	2,136 »				
Idem.	3	Indemnités de terrains entre et				» »	1,900 »	1,900 »				
Idem.	4	Fourniture de matériaux pour utiliser les prestations.	300 »	7,288 25	10,788 25	450 »	» »	450 »	300 »	» »	300 »	
						3,500 »	7,288 25	10,788 25				
Chemin N° de à												
N agent-voyer d'arrondissement.	5											
Idem.	6											
Idem.	7											
Idem.	8											
Idem.	9											
N agent-voyer en chef.	1	Traitement et frais de bureau et de tournées de l'agent-voyer en chef										
Idem.	2	Traitement et frais de bureau et de tournées des agents voyers d'arrondissement										
		TOTAUX GÉNÉRAUX.										

Le présent compte final et récapitulatif des ouvrages exécutés et des dépenses faites, pendant l'année 18 , pour le service des chemins vicinaux de grande communication du département d , est présenté et certifié par l'Agent-Voyer en chef, soussigné.

A le

Vu par le Préfet.

A le

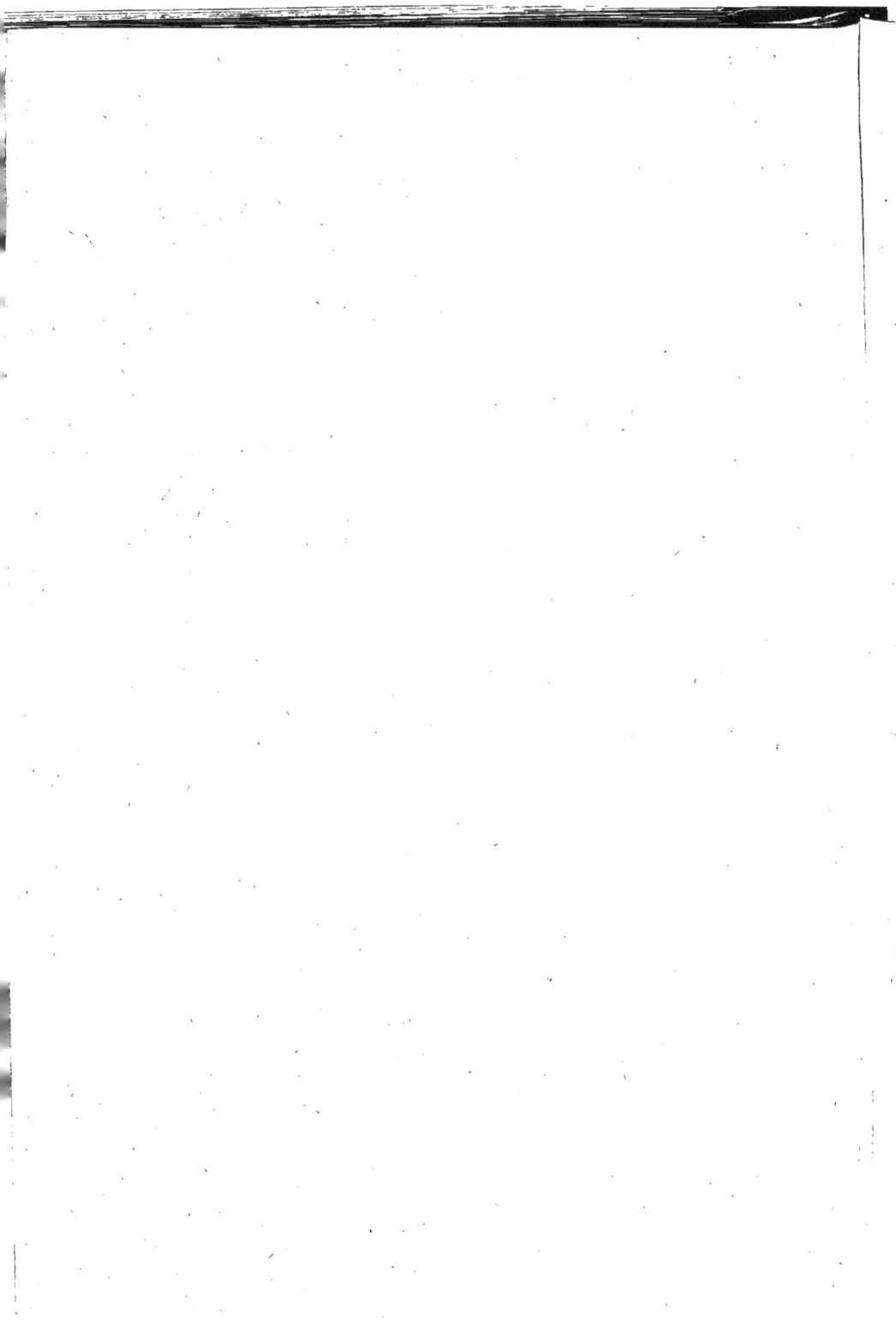

[Modèle n° 74.]

Chemins vicinaux de grande communication.

Département d

Arrondissement d

PRESTATIONS EN NATURE.

Exercice 18 .

État de situation définitive *des travaux effectués par prestation, sur les chemins vicinaux de grande communication de l'arrondissement d ,*
pendant la campagne de

NUMÉRO et DÉSIGNATION des chemins.	COMMUNES DÉSIGNÉES pour contribuer à l'établissement des chemins.	ÉVALUATION des prestations comprises dans les états d'emploi.	JOURNÉES DE PRESTATIONS FOURNIES ET EMPLOYÉES							
			NOMBRE DE JOURNÉES							Évalua[…]
						BÊTES DE SOMME.		VOITURES		
			d'hommes,	de chevaux de trait et de selle,	de bœufs et mulets d'attelage,	Mulets ou chevaux	Ânes,	à deux roues,	à quatre roues,	
Nº de à										
	TOTAUX.....									
Nº de à										
	TOTAUX.....									

OUVRAGES EXÉCUTÉS.				
DÉTAIL.	QUANTITÉS	ÉVALUATION de l'unité	ÉVALUATION TOTALE.	DÉSIGNATION DES PARTIES DES CHEMINS sur lesquelles les prestations ont été employées.
TOTAL.................				
À déduire les dépenses faites en argent pour surveillance et direction.................				
PRODUIT NET.................				
TOTAL.................				
À déduire les dépenses faites en argent pour surveillance et direction.................				
PRODUIT NET.................				

RÉCAPITULATION.

DÉSIGNATION DES CHEMINS.		ÉVALUATION DES PRESTATIONS		PRODUIT NET de l'emploi des prestations.	PROFIT sur la valeur assignée aux prestations.	PERTE sur la valeur assignée aux prestations.	OBSERVATIONS.
N°.	DÉNOMINATION.	comprises dans les états d'emploi.	fournies et employées.				

DRESSÉ et CERTIFIÉ pat l'Agent-Voyer d'arrondissement, soussigné.

A le

VÉRIFIÉ *et* ARRÊTÉ *par l'Agent-Voyer en chef du departement d*

A le

Vu par le Préfet.

A le

[Modèle n° 75.]

CHEMINS VICINAUX

DE GRANDE COMMUNICATION.

Département d

PRESTATIONS EN NATURE.

Exercice 18 .

ÉTAT **RÉCAPITULATIF** *des travaux effectués, par prestation, sur les chemins vicinaux de grande communication du département d , pendant la campagne de 18 .*

NOMS DES AGENTS-VOYERS d'arrondissement dans les états desquels l'emploi des prestations est détaillé.	DESIGNATION DES CHEMINS.		ÉVALUATION DES PRESTATIONS		PRODUIT NET de l'emploi des prestations.	PROFIT SUR LA VALEUR assignée aux prestations.	PERTE SUR LA VALEUR assignée aux prestations.	OBSERVATIONS.
	Nº	DÉNOMINATION.	comprises dans les états d'emploi.	fournies et employées.				
		TOTAUX.						

Le présent état récapitulatif des travaux effectués par prestation, sur les chemins vicinaux de grande communication du département d , pendant la campagne de 18 , est présenté et certifié par l'Agent-Voyer en chef, soussigné.

A , le

Vu par le Préfet.

A , le

TABLE DES MATIÈRES.

PREMIÈRE PARTIE.

Des Chemins vicinaux.

CHAPITRE I.

De l'établissement et de la suppression des chemins vicinaux, abstraction faite des travaux.

CHAPITRE II.

Des ressources et de leur réalisation.

CHAPITRE III.

Des travaux.

CHAPITRE IV.

CHAPITRE V.

De la police des chemins vicinaux.

SECONDE PARTIE.

Des Chemins vicinaux de grande communication.

CHAPITRE I.

De l'établissement et du déclassement des chemins vicinaux de grande communication, abstraction faite des travaux.

CHAPITRE II.

Des ressources et de leur réalisation.

CHAPITRE III.

Des travaux.

CHAPITRE IV.

CHAPITRE V.

MODÈLES.

Première partie.

Seconde partie.

FIN DE LA TABLE.

Laon. Varlet-Berleux et comp., imp.

www.ingramcontent.com/pod-product-compliance
Lightning Source LLC
Chambersburg PA
CBHW032329210326
41518CB00041B/1826
9782011314352